U0067267

教師素質指標

甄選教師的範本

The Teacher Quality Index :
A Protocol for Teacher Selection

James H. Stronge、Jennifer L. Hindman　著

賴麗珍　譯

The Teacher Quality Index

A Protocol for Teacher Selection

James H. Stronge

Jennifer L. Hindman

Copyright © 2006 by the Association for Supervision and Curriculum Development (ASCD). All rights reserved. No part of this publication may be reproduced or transmitted in any form or by any means, electronic or mechanical, including photocopy, recording, or any information storage and retrieval system, without permission from ASCD. Readers who wish to duplicate material copyrighted by ASCD may do so for a small fee by contacting the Copyright Clearance Center (CCC), 222 Rosewood Dr., Danvers, MA 01923, USA (phone: 978-750-8400; fax: 978-646-8600; Web: http://www.copyright. com). For requests to reprint rather than photocopy, contact ASCD's permissions office: 703-578-9600 or permissions@ascd.org.
ASCD is not responsible for the quality of the translation.

目錄

（正文頁邊數字係原文書頁碼，供索引檢索之用）

作者簡介

James H. Stronge

　　目前是維吉尼亞州威廉與瑪莉學院（College of William and Mary）「教育政策、規劃暨領導」領域的榮譽教授。他的研究興趣在教師效能、學生成就，以及教師與行政人員的績效評鑑，曾經和許多學區及全國、全州的教育組織合作發展教育人員的評鑑系統。Stronge 的論著甚多，近年來較重要的合著專書有《教師評鑑方法——結合學生學習的模式》（*Linking Teacher Evaluation and Student Learning*，2005 年由 ASCD 出版）（中文版 2006 年由心理出版社出版）、《高效能教師素質手冊》（*Handbook for Qualities of Effective Teachers*，2004 年由 ASCD 出版）、《學區學監評鑑手冊》（*Superintendent Evaluation Handbook*，2003 年由 Scarecrow 出版）、《教師評鑑手冊》（*Handbook of Teacher Evaluation*，2003 年由 Eye on Education 出版）、《有效教學的品質》（*Qualities of Effective Teaching*，2002 年由 ASCD 出版）、《教師評鑑與學生成就》（*Teacher Evaluation and Student Achievement*，2000 年由 NEA 出版）等等。他是阿拉巴馬大學的教育博士，主修教育行政與規劃，曾任教師、顧問及學區層級的行政人員。

Jennifer L. Hindman

維吉尼亞州威廉與瑪莉學院「教育政策、規劃暨領導」博士，曾任中學教師和科學學科專家，目前是「教師素質資源」有限公司（Teacher Quality Resources, LLC）的教育顧問，其提供的諮詢服務領域包括教師甄選、教師效能，以及教師、教育專家（educational specialist）、行政主管的績效評鑑。她的著作包括《高效能教師素質手冊》（合著），以及由教育領導（*Educational Leadership*）、校長領導（*Principal Leadership*）、全國無家可歸者教育中心等所出版的著作。其研究興趣包括教師效能和教師甄選，並曾經帶領過增進父母參與、增進理科教師的教師效能、支援無家可歸兒童的實務工作資源等方面的無數場工作坊。

譯者簡介

　　賴麗珍，美國威斯康辛大學麥迪遜校區教育博士，主修成人暨繼續教育，曾任職於台北市教育局、台灣師範大學圖書館（組員）及輔仁大學師資培育中心（副教授）。研究興趣為學習與教學、教師發展及創造力應用。譯有《教師評鑑方法》、《教學生做摘要》、《有效的班級經營》、《班級經營實用手冊》、《增進學生的學習動機》、《創意思考教學的 100 個點子》、《思考技能教學的 100 個點子》、《重理解的課程設計》、《重理解的課程設計——專業發展實用手冊》、《善用重理解的課程設計法》（心理出版社出版。）

謝詞

　　本書的完成，出自於筆者渴望對改善教師甄選做出貢獻。具體而言，我們試圖提出研究為本、加值的面試過程，而在這個過程中，每一道問題都能得出甄試者有無潛力可順利任職的資訊。而來自不同的專業協會、學校學區、個人對這個主題所表達的最初興趣，鼓勵我們撰寫這本書。

　　筆者感謝來自美國教育視導與課程發展協會（ASCD）幾位先進的支持，尤其是 Scott Willis 先生，他很賞識我們的前一本著作《高效能教師具有的素質》（*Qualities of Effective Teachers*）。此外，筆者要向威廉與瑪莉學院的 Megan Tschannen-Moran 女士致謝，在我們進行研究的初期，她對於面試的範本提出有洞見的問題，而且就如何使表格更具可讀性提供建議。我們也要謝謝 Leslie Grant 女士，她的細心校閱和編輯，使本書更完善。最後，感謝所有願意探索使用新工具以迎戰舊挑戰的讀者們，這項舊挑戰就是：為我們的班級學生甄選最佳的教師。

前言

使任何學校成功的關鍵要素之一，是在每天、每個班級都發生作用的　　*1*
教師素質。如果我們要學生達到最可能的成功，使高素質的教師與每位學
生共同努力是至關重要的。因此，招募、甄選、進用，以及留任高效能教
師，是教育領導者今日面臨的最大挑戰之一。

研究一再顯示，由高效能教師教導的學生，其學業成就高過於由較低
效能教師所教導的同校同學（Mendro et al., 1998; Sanders & Horn, 1998;
Stronge & Ward, 2002）。在美國，找出如《有教無類法》（No Child Left
Behind, [NCLB] Act）所界定的高效能教師，當然是邁向更優質學校教育的
主要步驟，然而，如果我們想讓聘用過程的影響發揮到最大，我們需要積
極找出和聘用，能展現研究指出的高效能素質的教師應試者。

本書目的在提供工具給人力資源專家、學校行政人員，以及涉入教師
甄選事務的其他人使用，以利完成聘用高效能教師的重責大任。筆者提供
的主要工具是「教師素質指標」（Teacher Quality Index, TQI），這是一套
包括兩大部分，以研究為本、經過實際試用的教師甄選面試範本（proto-
col）。

在轉向討論教師甄選使用的工具之前（尤其是討論 TQI），讓我們先
回顧兩項重要的關鍵背景問題：「為什麼需要高效能的教師」和「為什麼
欠缺高效能的教師」。

壹、為什麼需要高效能的教師　　*2*

政策、實務、研究等都顯示，教師對學生的教育有重大影響。《有教
無類法》（107-110 號公共法）規定，在二〇〇五至二〇〇六學年度之前，
全美國各校所有學生都應該由高素質的教師教導。高素質教師的定義是，

從所屬各州獲得教學執照的專業人員（U. S. Department of Education, 2000），而各州也已進一步立法詮釋這項定義，例如，維吉尼亞州教育廳（Virginia Department of Education, 2002）將高素質教師界定為，獲得資格認證並在其獲得認可的學科領域從事教學的教師。

然而，取得教學資格認證，並不擔保教師能夠勝任教育學生的工作。學生需要有效能的教師，但是教師效能的標準，並不像「高素質教師」那樣容易界定或區辨。在描述教師效能時，教師取得認證只是許多描述的要素之一，教師效能是多面向的概念，它包含了教師背景、能力、氣質等所有方面，範圍從人格特質到知識和技能。

由於甄選面試很少以學者認為有效或可信賴的方式進行，因此加重了聘用過程不易找出高效能教師的困難。教師甄選的過程，受到主事者個人對優秀教師之條件的看法影響，對某些人而言，優秀教師不會因為管教問題將學生送去辦公室懲處；對某些人而言，優秀教師每年都使學生的學業進步達到該年級以上的水準。如果關於教師效能的定義與決定，能參考可得的研究資訊及指引，這對我們會很有用。

受研究指引的決定能產生許多好處，包括提高學生成就、減少管教問題，以及促進更良好的師生關係（Ralph et al., 1998）。再者，學者發現，學生在更換教師之後，教師對學生學習的影響仍可持續數年（Sanders & Horn, 1998）。因此，考慮到這些短期和長期的好處，學校行政人員必須發展良好的知識基礎和研究為本的能力，以便能從應試的候選人之中區分出高效能的教師。

每個參與聘用過程的人員應持有的目標是，使校內每個學生都能配置一位高素質、高效能的教師。當然隨著時間過去，許多教師的效能的確有所增長，但是「校長能夠改善學校教學的最佳機會，是在新聘教師之時」（Donaldson, 1990, p. 1）。這是因為校長能決定應試者的效能，卻不必花費一分錢對這位教師做專業發展培訓，因此，學校領導者可以利用甄選過程評鑑應試者，以決定哪些教師可能會對學生的生活產生深遠影響。

貳、為什麼欠缺高效能的教師

需要進用新教師的時候，他們不會像魔術一樣地憑空出現；新進教師必須經歷招募、甄選、留用等過程。在確保每個班級都有高效能的教師方面，招募一群人進入教師專業領域，是首要之務（Dozier & Bertotti, 2000）；甄選最有資格的應試者是第二項挑戰；隨後，一旦高效能的教師開始為學區工作，要盡力留任。由於在校生人數持續增加，以及各州州議會要求縮小班級規模，美國的公、私立學校都面臨了教師需求量增加的情況（Gerald & Hussar, 2003）。再者，事實上，美國教師人口的平均年齡比一般工作人口大了五歲——因此比一般工作人口早五年退休——無怪乎在二〇〇九年之前，全國大約需要再聘任兩百五十萬名教師（Hussar, 1999）。

法令可以要求師資必須符合特定標準，但是無法強迫高素質、高能力的人去應徵教職。因此，會產生供需失調問題。到了二〇一三年，美國的幼稚園到高中公立學校在校生人數預估會增加到四千九百七十萬人——比二〇〇四年的預測在校生人數增加一百五十萬名學生（Livingston & Wirt, 2004）。當在校生人數正在增加時，教師離職與退休的速度卻大過於留任的合格新進教師人數（Ingersoll, 2001）。Ingersoll 的研究也發現，教師離職率（13.2%）高於全國所有工作人口的平均離職率（11%），這些教師可能變更了教育專業職別，或者離開了教職工作。再者，教師人力的老化使得問題更加惡化。

的確，目前師資培育課程產生適量的教師人數，而且大部分地區也有足量的合格教師可以滿足師資需求，然而，教師卻不一定住在需要他們的地區，或者想要在需要他們的地區工作。使師資供給問題惡化的因素是，大約 42% 甫完成培育課程的教師選擇不去任教，或者無法保住其教職工作（Darling-Hammond, 2000a; Dozier & Bertotti, 2000; Edwards, 2000）。Henke、Chen 和 Geis（2000）曾就取得教師資格而不進入教職的師資生，歸納他們提出的理由，這些理由包括：其他專業的職業聲望更高（2%）、

教師待遇偏低（7%）、其他工作的收入更多（10%），以及對教學工作失去興趣（46%）。

這些似乎明確證明，師資供需，尤其與高素質教師有關的供給，對於改善美國的學校教育造成了重大挑戰。顯然，教師具有的影響力可被估測，而其回報超出輕易可知的程度。借用一則常見的信用卡廣告來說明：想想以下事實：一所新學校的價值──四千五百萬美元；一頓學校午餐的價值──一美元七十五分錢；一位高效能教師的價值──無價！

 ## 參、教師甄選的工具

如圖 A 的說明，教師甄選是層級的過程。筆者把焦點放在中間的兩個部分，即兩種類型的面試，這些面試提供了深度認識應試者的機會。教學素質指標是一套蒐集這些資訊的加值方法；像這樣的工具，並不詢問應試者可得自其應徵教職文件的資訊（應徵文件是初步的評鑑工具，其焦點應該是在決定應徵者是否具備該職位的最低資格）。相反地，TQI 面試範本聚焦在要求合格的應徵者，在初試的篩選面試時，以及在後來更深入的學校層級面試（building-level interview）時，詳述其能力、技巧和經驗。通過的應徵者會繼續朝甄試階段金字塔的最後目標前進，入選組的人數則會急遽減少。

當學校系統內部受到補實教師職缺的挑戰，找出以加值方式評鑑應徵者的有效方法，將可增進甄選的過程。藉著發展有系統的方法以蒐集關於教職應徵者的資訊，學校人員可以透過不重複別人做過的事而更明智地工作。在最後的分析中，筆者希望，從教師素質而言，TQI 能增進對錄取接受聘任的預測力。

圖 A　教師甄選的層級過程

註 1：「其他」的甄試工具可包括寫作樣本、模擬試教、額外面談等。

肆、本書概覽

　　本書對於面試和教師效能，皆提供簡明的背景資訊。書中內容提出研究為本的教師甄選方法，並且討論包含兩個部分的 TQI 面試範本，這個範本可參見英文版原書附贈光碟內的五個表格（譯註：中譯本不提供光碟）。

　　TQI 範本整合了關於如何實施有效面試的研究，以及高效能教師的構成條件的研究。甄選高素質教師是複雜的過程：此過程受到應用心理學所提出的因素之影響，例如面試的內容結構和發問問句的措辭，而且也利用了高效能教師的研究做參考。TQI 所包含在內的問題都與教師工作相關，並因此也都符合工作面試的法律限度。此外，TQI 範本的設計，在把高效能教師的素質描述有系統地應用到教師甄選過程。總言之，教師素質指標：

> 1. 調和了有效教學與有效面試的研究；
> 2. 鼓勵主試單位提出法律許可又和教師工作有關的面試問題；
> 3. 面試範本的要素得自應用心理學的文獻；以及
> 4. 提供研究本位與實際測試過的評量指標，來評鑑面試者的回應。

追根究柢，應用研究來強化甄選過程，為學校領導者提供了有價值的工具，以幫助他們找出最可能成為學生所需的高效能教師的應徵者。

第一篇

教師素質指標的基礎

教師素質與教師甄選

教師招募（teacher recruitment）是指提供適量合格應徵者之過程；教師甄選（teacher selection）則是指從群集的應徵者之中只選出素質最高的受聘教師。聘用、支持，以及留用高效能的教師，是學校領導者的重要責任之一，也許還是其中最重要的責任。如果我們相信教與學是學校教育的核心，那麼我們也應該了解，為什麼優質的教師甄選作業對高成效的學校是絕對不可或缺的。對美國人而言，甄選出高度合格的教師，讓他們在有成效的、充滿學習氣氛的班級環境中促進學生學習，對於滿足有能力教師的需要和符合《有教無類法》的要求，也是不可或缺的。

回顧探討教師效能的歷史背景，可以發現，我們關切有能力的教師並非新興情況。一九二〇年代對高效能教師素質的研究，聚焦在教師的人格特質；今日，這類研究將焦點放在教學方法、引導學生學習的教學行為、教師應該精熟的能力、教師的專業決定，以及教育學知識和學科領域知識之間的交互作用（Lederman & Niess, 2001）。在可用來思考教師素質的不同概念透鏡中（conceptual lenses），績效責任是其中最顯著的——這意味著其焦點係放在教師的能力，以及強調提供教師效能實際證據的重要（Yin & Kwok, 1999）。為了討論教師效能，筆者必須先探討下列議題：

*1.*用來描述高效能教師的素質指標；

2.教師素質與教師甄選之間的連結；以及

3.使教師素質連結到教師甄選的重要性。

 壹、高效能教師的素質指標

「教師效能」一詞──其部分定義可見表 1-1──被廣泛用於區辨優良教師的構成特質，但其定義也隨著是誰討論這個術語而定。貫串本書，筆者所採用的「教師效能」涵義是指，高效能教師典型具有的一整套經驗、特質、行為，及傾向。類似有理想的、好分析的、盡責的、有能力的、熟練的、反省的、令人滿意的、反映多元性的（diversity-responsible），以及有禮貌的等字詞，都曾被用來描述優良教師（Cruickshank & Haefele, 2001），但是就如這一堆形容詞所呈現的，「對於如何定義合格教師，其共識竟然如此微小」（Ingersoll, 2001, p. 42）。

表 1-1　教師效能的定義

教師效能（**teacher effectiveness**）

1. 定義寬鬆的概念（Stronge, 2002），其定義內涵受到應該強調哪些特徵的個人觀點所影響（Yin & Kwok, 1999）。

2. 此概念是指，教師視學生為個體而關切學生，並且為了增進每個學生的成就，教師在有成效的班級環境中，藉著創造精心計劃、執行、評量的教學機會，來傳達這份師生倫常之情（Collinson, Killeavy, & Stephenson, 1999）。

3. 學生學業進步的評量，由全班學生在某位教師教導期間之表現來證明（Sanders & Horn, 1998; Stronge, Tucker, & Ward, 2003）。

11　《有教無類法》已經對合格教師一詞設定了一則操作型定義，該法所稱的合格教師是指在任教領域獲得認證的教師。然而，除了聯邦的指導方針之外，還有其他可以考慮的教師素質界定要素，這些要素包括學生的成績、相關利害關係人（stakeholders）的觀點，以及教師績效表現的評級。教師效能就像人的美貌一般；當人們想起某位特別的教師時，其教師效能

就會在浮現在眼前。曾被高效能的教師教過的學生在做這類回想時，常常使用關愛的、有智慧的、公平的、有趣的、有能力的，以及善解的之類字詞來描述其教師。結合我們的經驗所知與研究發現，會有助於找出大多數高效能教師共同具有而且不可或缺的特質。綜合高效能教師的主要特徵、主要行為、主要傾向等大量研究的方法是，探討六個教師效能的面向（或方面）——Stronge（2002）曾在 ASCD 出版的《高效能教師具有的素質》一書中描述過這些面向：

> 1. 高效能教師的先備條件；
> 2. 教師個人特質；
> 3. 班級經營與組織；
> 4. 教學計畫；
> 5. 教學實施（如：教學的傳遞）；以及
> 6. 監控學生的進步與潛能發揮（如：學生的評量和對學生的期望）。

以下將一一檢視這六個面向。

一、高效能教師的先備條件

先備條件是教師隨身帶進班級中的特質，主要的先備條件包括了口語能力、學科內容知識（content knowledge）、教育專業課程（education coursework）、任教科目認證，以及教學經驗。

口語能力。教師透過文字和行為與學生建立聯繫，教師的口語能力對學生的成績有正面作用，因為傳達學科內容知識和對學生表示信任的能力，對教學都很重要（Darling-Hammond, 2000b; Haberman, 1995b; Hanushek, 1971）。

學科內容知識。加州有項研究發現，以數學本科為主修或副修的數學教師，其學生在在第九版史丹佛成就測驗（Stanford 9 Achievement Test）有比較高的測驗成績（Fetler, 1999）。對準備學科領域知識有益的可能是內在的興趣。Wenglinsky（2000）發現，任教學科是其主修或副修的教師比

12

較可能參與該學科領域的專業發展活動，因此能將其習得的新知納入教學。

　　教育專業課程。在師資生的教學表現方面，某項包括兩百六十六位師資生的研究發現，教育專業課程和學業成績平均分數或全國教師資格考試（National Teacher Exam）的專長領域成績相較，是更強的預測指標（Ferguson & Womack, 1993）。根據這些發現，Ferguson 和 Womack 下結論說，增加學科課程卻減少教育專業課程，會有反效果，因為學生成績和教師所學的教育專業課程之間有關聯。

　　任教科目認證。被指派任教認證學科領域的教師比未獲得認證但任教相同學科領域的教師，對學生的學習有更多的影響力（Darling-Hammond, 2000b; Darling-Hammond, Berry, & Thoreson, 2001; Goldhaber & Brewer, 2000; Hawk, Coble, & Swanson, 1985; Laczko-Kerr & Berliner, 2002）。例如，在一項研究中，持數學教師執照與非持數學教師執照的教師相互比較，結果發現由前者教導的學生，其數學成績高於由後者所教導的學生（Hawk et al., 1985）。

　　教學經驗。有經驗的教師對於學科內容有更深入的了解，並且知道如何教導及應用其學科知識（Covino & Iwanicki, 1996）。此外，由於能夠使用更多的不同策略，有經驗的教師在應付學生方面更有效能（Glass, 2001）。有項研究發現，「學校擁有愈多有經驗又高學歷的數學教師，所擁有的高成就學生就愈多」（Fetler, 1999, p. 9）。這項教育品質指標不必然表示教師的年資愈久愈好，根據來自田納西加值評鑑系統（Tennessee Value-Added Assessment System）的資料，Sanders 和 Rivers（1996）發現，教師效能會在任教的最初七年之內增加，然後在大約第十年時達到停滯。（註：Sanders 最初研究所採計的最低教師年資是三年。）

13　二、教師個人特質

　　如果學生想要學習，他們必須對學習環境感到自在，在這方面，教師與學生的個人聯繫有助於創造信任又有禮貌的關係（Marzano, Pickering & McTighe, 1993; McBer, 2000）。與學生相處良好，以及向學生傳達他們受教師重視、教師希望他們總是在校學習的觀念，是很重要的教師能力（Haberman, 1995a）。高效能的教師一直被描述為關愛的、熱忱的、積極的、公平的、有禮貌的、反省的，以及敬業的人，他們有幽默感，又能和學生及同儕相處得很好（Black & Howard-Jones, 2000; Delaney, 1954; National Association of Secondary School Principals [NASSP], 1997; Peart & Campbell, 1999）。簡言之，當學生被受過良好培育的專業教師教導，而教師又能整合教學知識和對學生的深度關愛感，教師對學生學習的影響就會增加。如同Sizer（1999）所言：「如果我們未能充分認識學生，我們就無法把學生教得很好」（p. 6）。

三、班級經營與組織

班級經營與組織，涵蓋了教師為建立與維持安全、有秩序、有成效的學習環境而使用的技巧與方法。在高效能教師的班級中，學生的干擾教學行為與不專心行為比較少（Stronge et al., 2003）。高效能的教師，藉著與學生合作以確保例行活動、常規，以及行為期望的明確落實，進而為學生建立正面的班級環境；此外，這些教師在學年開始時，花費更多時間與學生共同創造正面的班級氣氛，使每個學生在班級中都被公平而尊重地對待（Covino & Iwanicki, 1996; Emmer, Evertson & Anderson, 1980; Hoy & Hoy, 2003; Shellard & Protheroe, 2000）。他們積極教導學生扮演自己的角色、提供清楚的說明與方向、與學生演練期望的行為，進而給學生機會，證明他們有效符合這些期望（Covino & Iwanicki, 1996; Emmer et al., 1980）。

14

當紀律問題發生時，高效能的教師不需要多考慮該做什麼；他們以可預測的方式對學生的行為做回應。在建立有成效的學習環境方面，高效能的教師會填補因為行政活動、管教活動、轉換活動而失去的教學時間（Hoy & Hoy, 2003）。他們繼續在有組織的、正面的班級環境中積極參與學生的學習，因為有組織的、正面的學習環境與獲得更高的成績進步有關聯（Education USA Special Report, n.d.）。

四、教學計畫

對於高效能的教師而言，教學計畫方面的素質對於如何設定教學活動

優先順序及組織這些活動、如何分配時間，以及如何對學生的成績與行為設定期望，提供了洞見。高效能的教師具備關於任教學科領域、學生習得的普遍錯誤概念，以及教室可用資源的知識（Buttram & Waters, 1997）。他們對於能促進教學計畫與教學實施的教材具有深度的理解（Rowan, Chiang, & Miller, 1997）；再者，他們知道在整個教育的概貌之中，課程與學科內容有何關聯（Educational Review Office, 1998）；此外，他們會再三查看教學標準以引導教學的決定（Buttram & Waters, 1997）。這些教師應用長程計畫來顯示教學目的，其方式是使課程符合州及地方的學科學習標準（McEwan, 2001; Walker, 1998）。他們為學生找出適當的預期學習結果，並且在教學計劃的過程中，就這些預期結果發展評量學生的方式（Gronlund, 2003; Marzano et al., 1993）。

　　高效能的教師藉著思考最概括的主題來做教學計畫——這些主題能透過特定學習單元的「大問題」（big questions）而進行探究，以利在班級中實施焦點明確的教學（Cotton, 2000; Johnson, 1997; McBer, 2000）。他們結合不同的教學策略和教學資源，來促進學生學習和因材施教（Cunningham & Allington, 1999; Emmer et al., 1980; Mason, Schroeter, Combs, & Washington, 1992; McBer, 2000）。

五、教學實施

　　教學的實施顯示了發生在班級中的實際狀況。顯然，教師呈現教材的方式影響學生如何學習及如何有效學習。教學是複雜的任務，在這項任務中，教師必須就主要的知識與能力決定教學方法，以增進學生吸收新知識與新能力（Langer, 2001）。高效能的教師對學生有更多的期望，而教師的期望會進一步提高學生自己的成功期望（Entwisle & Webster, 1973; Mason et al., 1992）。這類教師實施的教學，會讓學生在教師的支持下致力建構學科內容的意義，因此學生在教學過程中會積極投入動手動腦的活動（Cunningham & Allington, 1999; Good & Brophy, 1997; Shellard & Protheroe, 2000; Wang, Haertel, & Walberg, 1994）。高效能的教師積極參與整節課，並且依據學生的回饋提供其他細節、進行監控及調整（Education USA Special Report, n.d.; Panasuk, Stone, & Todd, 2002）。

　　高效能的教師了解如何應用教學技術，例如精熟學習和合作學習。當應用適當時，這些策略能導致：教師使用這些策略的班級，其學生成績比未使用的班級高出一個標準差（Bloom, 1984）。高效能的教師會在教學過程中運用一些技術，以給予學生更多的個別關注、更多的實際操作經驗，以及將焦點從教師轉到學生（Dickson & Irving, 2002; Holahan, Jurkat, & Friedman, 2000）。這些教師也應用學生之前的知識作為實際操作或探究本位學習法的起點，以促進進階的學習（Covino & Iwanicki, 1996）。再者，高效能的教師能有效應用發問技術，他們不只問問題，也應用提示、轉向，以及澄清為目的的適當後續問題，來教導學生如何問出有品質的問題（Covino & Iwanicki, 1996）。教學的策略就像交通工具：有許多不同類型的交通工具可以用來到達目的地。追根究柢，有效的教學實施是複雜的過程，此過程充滿著決定、充滿著不同於最初教學計畫的差異，以及充滿著對學生所問問題的回應。

16

六、監控學生的進步與潛能發揮

　　監控學生進步與潛能發揮方面的焦點是：教師如何以允許學生展現學業成就的方式，了解學生已經習得知識與能力。高效能的教師透過不同的正式評量與非正式評量，以及提供學生適時的回饋，來監控學生的學習（Cotton, 2000; Good & Brophy, 1997; Peart & Campbell, 1999）。他們透過課程及根據學生回饋而做的教學調整，查核學生的理解（Guskey, 1996）。這些教師會連結給學生的指定作業和預期的學習結果——前者例如回家作業和課堂活動，以致於這些作業對發展或強化學生的概念是有意義的，而且對教師的分析教學過程與結果，也是有意義的（Cruickshank & Haefele, 2001）。另外，高效能的教師使用累積的學生作品——比如作品檔案（portfolio），來檢視學生在一段時間之內的進步（Haertel, 1999）。

　　學生評量資料的分析能告知教師，學生獲得具體理解與能力的程度，並能引導教師設定教學目標（Cruickshank & Haefele, 2001; Gronlund, 2003）。當教師分析學生的進步時，他們透過適時的定期回饋，持續告知

學生其進步情形，這個方式能幫助學生改進，以及在未來學習時能更成功（Cotton, 2000; Hoy & Hoy, 2003; Marzano, Norford, Paynter, Pickering, & Gaddy, 2001; Walberg, 1984）。

 ## 貳、教師素質與教師甄選的連結

17 　　雖然研究者試圖分離出高效能教師的特徵，但教師效能是所有因素共同作用的結果。例如，高素質的教師會將學生行為和學習方面的明確目標及高期望，與教學策略相互結合，以增進學生成就（Cotton, 2000; Johnson, 1997; Marzano et al.; 1993; Mason et al., 1992; McBer, 2000; Peart & Campbell, 1999; Shellard & Protheroe, 2000）。如此，儘管應徵者擁有一項或甚至多項教師效能素質指標，並不足以證明他（她）將來會是高效能的教師，但這套參酌已知研究的方法，其設計目的即在增加甄選出最佳應徵者的可能性。

　　面試是整合關於應試者之各種不同資訊的機會（Castetter, 1996），如果面試者知道應用教師素質指標，他們會有一套甄試問題工具箱，可以指示出教師效能的內涵。連帶其他從甄試過程蒐集的工作相關資訊──例如寫作樣本、教學檔案或試教觀察紀錄，這些指標使我們更知道要注意應徵者的哪些特點，進而更有技巧地做出參酌已知研究的聘用決定。

　　負責做聘用決定的學校主管所面對的關鍵問題是，在審查應徵者的申請文件和進行隨後的應徵面試時，如何最有效掌握期望的教師效能素質。要做到這一點的方法是，發問明顯連結到教師素質指標，以及使用能闡明每則指標基本證據的評量指標，以確保對應徵者所回答內容的一致評量。教師素質指標就是為了這個目的而發展，雖然 TQI 的方法與應用將在後面各章詳述，表 1-2 的摘要顯示筆者如何把高效能教師的研究連結到面試過程。

表 1-2　高效能教師的素質與教師素質指標　　*18*

素質面向	素質指標	TQI 範本		
		求職申請	篩選面試	學校層級面試
高效能教師的先備條件	口語能力	●		●
	學科內容知識	●	●	●
	教與學的知識	●		
	教師認證狀態	●	●	●
	教學經驗	●		
個人特質	關愛			●
	公平與尊重			●
	與學生互動			●
	熱忱		●	
	動機			
	奉獻教學	●		
	反省實踐			●
班級經營	班級經營			●
	班級組織			●
	學生管教		●	●
教學計畫	確認教學的重要			●
	時間分配		●	
	教師經驗		●	
	教學計畫			●
教學實施	教學策略		●	●
	教學內容與期望		●	
	方法的複雜度			●
	發問			●
	學生投入學習		●	●
評量	家庭作業			●
	監控學生的進步		●	●
	符合學生的需要與能力		●	●

參、將教師素質連結到教師甄選的重要性

19

　　每個學生都值得讓高素質的教師教導，在今日的幼稚園到高中教育環境中，只有少數學生被賦予自己挑選教師的機會。充其量，家長的影響往往很少，大部分情形都是由行政人員為學生選教師和排課表。因此，參與教師甄選過程的每個人，都有義務做出最佳的可能選擇。雖然有些學校系統有可供觀察應徵者教學實況的必備資源，但是對許多學校系統而言，教師甄選的過程常常是以求職申請作業和面試為根據，並且包含審查相關資料（例如：履歷表、推薦信、Praxis 教師資格考試的成績）。哪些因素主導這些最重要的印象和聘用決定？我們又如何知道已從一大群應徵者中選出了最好的人選？

　　藉由在甄選過程中找出研究為本的高效能教師素質，選出最佳教師應徵者的可能性將會增加。典型的教師甄選過程要求過多資訊；但我們需要的只是透過效能濾鏡來改善詮釋這些資訊的方法。研究為本的高效能教師素質指標，能提供甄試作業主事者方法，把欲得的教師素質建立在求職申請過程、應徵者履歷，以及面試過程的基礎上。如此，建構良好的甄選過程應當形成一種情況，其中，教師的甄選乃基於最終將會影響學生成就的多重因素。

　　在《從 A 到 A⁺》（*Good to Great*）一書中，作者 Jim Collins（2001）指出：「若有疑問，不要聘用──繼續觀察」（p. 54）。然而，要考慮的問題是，我們如何區辨高素質的應徵者與素質較差的應徵者？再者，我們如何知道所面對的教師就是優秀教師？事實上，我們在甄選過程中真正致力的是**預測效度**（predictive validity），亦即，使用關於應徵者的可得資訊做出聘用決定的能力，而其結果是得到有能力又盡責的教師。追根究抵探究教師甄選的過程，聘用高效能的教師是「計劃、執行、適配」（game, set, and match）的過程，除非我們實際聘用高素質的教師，否則會因為辦學失敗及學童受害而全盤皆輸。

發揮面試的最大效益

　　「甄選」一詞暗示，做決定者用所需的工具來蒐集資訊，並以此做出
有影響力的選擇。就最常被使用的應徵者評鑑方式而言，面試是僅次於審
查求職申請的方式（Schmidt & Rader, 1999）。在做出真正的聘用決定之
前，營利組織把絕大多數的甄選時間花在面試上（Delaney, 1954; Dessler,
1997）。單就教師甄選而論，學校主管至少使用了 85%的甄選作業時間進
行面試（Emley & Ebmeier, 1997）。學區的承辦人員則使用不同形式的面
式方式，包括電話面試、當面面試、上網面試等。這些方式的優點與缺點
詳見表 2-1。

　　本章強調進行有效可靠面試的方法與策略，考慮到求職面試在教師聘
用過程的重要性，筆者討論的議題如下：

1. 求職面試的歷史；
2. 面試的優點與缺點；
3. 影響面試結果的因素；
4. 區辨面試是否成功的因素；以及
5. 透過更好的面試改進教師甄選。

21

表 2-1　求職面試的形式

面試形式	目的	界定	優點	缺點
電腦（或上網）	篩選	其設計可用來排除不合格的應徵者，可評量電腦技能，以及記錄應徵者對問題的反應時間或回應。	將資訊蒐集後儲存在資料庫，以備查詢；節省時間和金錢。	歧視對電腦或資訊科技不熟練者。
即席面對面	篩選	見於徵才博覽會、招募大會，由一位守門人進行簡短面試，決定應試者合格與否。	減少行政人員的面試負荷。	有第一印象的誤差；時間太短。
電話	篩選	其設計在減少不合格的應徵者。	蒐集應徵者能力方面的資訊；節省時間和金錢。	依賴一個人的判斷。
團體面試	甄選	將多位面試者與多位應試者配對。	觀察互動；從多位面試者蒐集意見與評比。	可能無法讓面試者很了解每一位應試者。
陪席小組（或委員會）	甄選	見於兩位以上的面試者詢問工作相關的問題，通常採用結構化的面試形式。	讓那些將和應試者工作的同事知道，新人必須表現哪些能力；減少就業機會平等委員會的爆料。	受到應試者的自在程度與面試者的技巧所影響。
熟練度	甄選	查核應試者執行工作的能力，例如說外語或試教一節課。	所取樣的表現，可證明在工作上的可能表現。	演示的能力和在班級中使用這項能力，可能並無相關*。
結構化	甄選	發問採用多種形式（經驗本位的、情境的、資訊的）；通常採一對一或陪席的策略，使每個應試者都被問到全部的問題。	鼓勵面試者積極傾聽；當發問正確時更能預測工作表現。	對應試者沒有什麼回饋；視形式而定，後續的發問不一定有用。

* 如果試教表現由真正的學生來評鑑，這項偏差將不構成問題。

壹、求職面試的歷史

在 1884 年，某家英文報紙報導：「面試是分工的實例之一……應試者提供素材，面試者提出形式」（引用自 Edenborough, 1999, p. 16）。面試已經逐步演變為一種方法，它比求職申請文件透露的基本資料蒐集到更多關於應徵者的資訊。面試「是最容易利用的方法，此方法不僅考慮到應徵者生涯發展的事實資訊，也考慮到態度、興趣等資訊……而這些可能對應徵者目前所考慮的教師工作之個人未來成就，至關重要」（Anstey & Mercer, 1956, p. 7）。

22

過去的研究者已經進行了一個世紀以上的各種研究，以找出最佳的面試策略（見表 2-2），這些研究分辨出影響面試的不同因素，例如法律問題、預測變項、範本、內容結構、發問。後設分析的研究差不多在二十世紀末開始出現，而目前對於面試的研究顯現了改進面試過程的趨勢，其目的在使面試成為更有效可靠，以及較不受個人詮釋和偏見影響的工具。

表 2-2　面試的發展

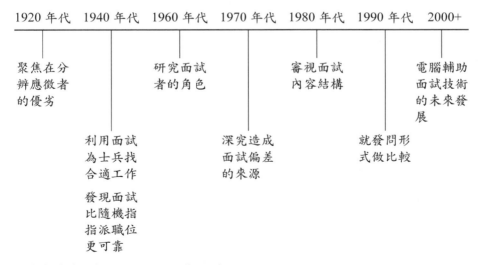

1920 年代	1940 年代	1960 年代	1970 年代	1980 年代	1990 年代	2000+
聚焦在分辨應徵者的優劣		研究面試者的角色		審視面試內容結構		電腦輔助面試技術的未來發展
	利用面試為士兵找合適工作		深究造成面試偏差的來源		就發問形式做比較	
	發現面試比隨機指指派職位更可靠					

製表資料引用自 Eder & Harris（1999）。

23　**貳、面試的優點與缺點**

　　面試總是有用嗎？最可靠的答案：是，也不是！面試可成為——而且已被證實是——決策者在聘用過程中使用的最佳工具，然而，除非遵循完整的、研究為本的設計原理來發展面試程序，然後忠實地實施，否則面試並非有效聘用作業的一般解決方法。因此，最好謹慎考慮面試固有的利弊——如表 2-3 所列。

　　教師很擅長了解學生的潛能，以及應用概念來提供學生更好的幫助。筆者稍後將詳述的 TQI 面試範本係從其他領域的研究發展而來。

表 2-3　面試的優點與缺點

優點
1. 可能產生無法從申請文件獲得的深度資料。
2. 就需要較長回答內容之提問，提供發言機會。
3. 更能彈性適應（有某些條件的）特定情況。
4. 由於面試者可要求應徵者澄清，面試可能得到更誠實正確的回答。
5. 對於不完整或不清楚的回答，允許以後續問題深究之。
6. 提供聆聽應徵者如何表達想法的機會。
7. 讓面試者大致了解應徵者如何與他人互動。
8. 給應徵者問問題的發言機會。
9. 讓應徵者透過與學校代表人員（如：面試小組的成員）會晤，在面試過程中「感受」一下學校組織的情況。
缺點
1. 工作人員的工時成本很高。
2. 與審查申請資料或測驗資料相比，比較耗時。
3. 與其他的篩選方法比較（如：申請文件），面試涉及的應試者數量較少。
4. 需要各種溝通技巧與人際互動技巧。
5. 容易受下列偏差因素影響：
(1)應徵者對面試者的個人反應，會對其回答造成正面的或負面的影響。
(2)應徵者的外表或最初的互動，可能會影響面試者的第一印象。

參、影響面試結果的因素 *24*

　　求職面試旨在透過面試者與應徵者的資訊交換，以利前者決定後者是否很適合某項職位，然而，有許多因素使得這項直截了當的目的變複雜。例如，應徵者面試時可能會緊張；面試者在之前可能已經面試了好幾位應徵者，因而覺得疲累，或者心中已有一位「最喜歡」的人選；以及，第一印象可能會蒙蔽面試者的判斷。由於這些原因及更多原因，面試為本的甄選決定之效度（如：適當性）和信度（如：一致性），可能由於幾項因素的影響而有高度變異。

　　責任範圍（accountability）。如果面試者要對如何執行面試負起責任，關於應徵者的細節描述，他們的回想能力會比只負責面試結果的面試者來得好（Brtek & Motorwidlo, 2002）。

　　月暈效應（halo effect）。面試者在評量下一道問題的回答時，可能會受到上一道問題的回答強度之影響，若採用評級之策略，月暈效應會因為面試者聚焦在每道問題上而減少（Kiker & Motowidlo, 1998）

　　面試者的訓練。面試者受過面試時如何蒐集工作相關資訊的訓練之後，其面試的效能會更好（Stevens, 1998）。

　　寫註記。當面試者自願寫註記時，他們回想面試相關資訊的能力會比無法記筆記時來得好（Burnett et al., 1998; Macan & Dipboye, 1994; Middendorf & Macan, 2002）。

　　個人互動。應試者可能會使用像討好面試者之類的軟性策略，來建立和面試者的正面聯繫（Ellis et al., 2002; McFarland, Ryan, & Kriska, 2002）。

　　問題類型。面試問題的措辭方式會影響所蒐集的資訊類別，詢問應試者假設情境的問題，會比問意見或事實產生更多一致的評級（Maurer & Fay, 1988）。然而，以經驗為根據的問題——詢問真實的工作表現，比情境題更能預測未來的工作表現（Huffcutt et al., 2001; Pulakos & Schmitt, 1995; Schmidt & Rader, 1999）。 *25*

　　評分方法。使用評分機制（如：排序、評分指標），有可能減少面試

過程的錯誤（Pulakos et al., 1996）。評級量表則可減少偏差，並且增強面試者評判應徵者回答內容的一致性（Campion, Palmer, & Campion, 1997）。

　　結構。 高度結構化的面試強調工作相關的問題組成，而低度結構化的面試較有利於蒐集關於應試者個人的資訊（Huffcutt et al., 2001）。通常，結構化面試比非結構化面試更有效（McDaniel et al., 1994）。

肆、區辨成功的因素

　　在設計教師甄選的面試範本時，應該具體考慮，已被研究指出具有更大價值的面試屬性，其中，結構化面試、問題類型、評級量表等三種機制，能增加面試者獲得必要資訊，進而依評審結果做出最佳聘用決定的可能性。

一、結構化面試

　　如前所述，甄選面試有兩種類型：非結構化與結構化面試。非結構化面試傾向強調背景資格、人格、一般的心智能力。結構化面試包括了應用心智能力、直接的工作知識、應用的社會技能，以及勝任組織職位等相關的問題。此類型面試往往比非結構面試更能預測應徵者在工作上的成就（Huffcutt et al., 2001）。

　　教育界的結構化面試應該考慮的一般問題，包括師生關係、教師同儕關係、親師關係；教學技術及其應用的知識；以及一般的背景資訊（Pawlas, 1995）。為增加結構化面試的效度，所有的面試問題應該根據工作有關的標準；應該以評級量表為依據，以及應該由訓練過的面試者多方發問（Campion et al., 1997; Castetter, 1996）。這類標準化的格式，有助於確保每個應試者都回答相同一組問題，以及以相同方式被評分。

26

二、問題類型

　　面試問題是藝術，也是科學。問題的措辭方式會預先決定應徵者將回答的內容類別。表 2-4 呈現三種問題類型、發問的目的，以及問題示例。你認為哪一種問題類型最適合獲得關於申請者的資訊？

表 2-4　面試問題類型

問題類型	定義敘述	問題示例
資訊的	面試者請應試者詳述申請文件上或履歷上的資訊,或者細數他們所知之事(如:事實、所閱讀的內容)。	「哪些要素構成正面的、有成效的班級氣氛?」
情境的	面試者要求應試者說明,他們如何處理某些假設的情況。	「學校將在一週之後開學,你才剛接到班級學生名冊。另一位教師告訴你,有幾位不容易教導的學生被轉到你班上。你將怎麼做,以確保你會強化正面的、有成效的班級氣氛?」
經驗為本的	面試者要求應試者談論自己過去在某個具體情況之下的表現。	「請說明你曾經怎麼做,以強化正面的、有成效的班級氣氛?」

　　資訊的問題要求申請者告訴面試者他們所知之事,而非他們具體所做之事。情境的問題給予所有應試者相同的問題起點,然後讓他們自己決定回答的內容,不過,研究已經指出,情境問題的回答內容與工作知識的相關程度,往往大於和工作表現的相關程度(Conway & Peneno, 1999)。經驗為本的問題,則要求申請者說出他們目前所做或曾經做過的事。

　　究竟哪一種類別的問題最適合用於面試?簡單的答案是,經驗為本的問題傾向最適用(例如,見 Huffcutt et al., 2001),而情境的問題比資訊的問題更好(Maurer & Fay, 1988)。如果你想知道應徵者未來的工作表現,應該詢問他過去曾做過的事。

　　Pulakos 和 Schmitt(1995)曾以兩百一十六位有學士學位和至少三年工作經驗的政府員工為樣本,探討經驗為本的與情境的結構化面試之預測效度。他們訓練面試者以陪席方式執行這兩種面試,應試者則隨機指派給面試者。在比較陪席面試者的複合評分與應試者的上司所做的工作表現評級之後,發現只有經驗為本的面試與實際的工作表現相關,因此,經驗為

27

本的面試是較佳的工作表現預測因子。

　　將這項研究應用到教師甄選時，有人可能會推測，經驗為本的問題，會比其他類別的問題更能獲得有關過去教師工作表現的資訊。對有經驗的教師而言這很合理，但是班級教學經驗有限的新任教師又如何？情境的問題是否能透過給每個人相同的基準線而拉平眾人表現？曾有一組研究者調查過，面試評級與受訓者的上司所做的工作表現評級之間是否有關，而這些受訓者尚未被指派職位。在面試中，受訓者被問到一系列問題，這些問題的措辭方式若非情境的，就是經驗為本的。研究結果發現，被問到過去經驗的這一組受訓者，其面試評級與工作表現評級之間有顯著相關，而被問到情境問題的這一組則否（Huffcutt et al., 2001）。當應試者被問到經驗本位的問題時，比被問到假設情境的問題時更能有效表達關於工作表現的資訊──即便他們那時已不是新進教師。

　　經驗為本的問題可能會對應試者構成挑戰。如同面試者對應試者所做的介紹一樣，在進行面試之前向應試者說明面試方式會有幫助。讓應試者知道，面試者想了解過去他的工作表現如何；對於新進入教師專業或長期中斷後重回職場的個人，面試者可以要求他們從其他的情境提供實例。在表 2-4 的經驗為本問題示例中（「請說明你曾經怎麼做，以強化正面的、有成效的班級氣氛？」），新進教師可能會談論，他如何為即將由兄弟會宣誓成員組成的班級建立正面的環境；而生涯轉換者可能會說明她如何了解每個員工，以及如何使員工增能以利在辦公室環境中產生共有感（ownership）；重回職場的教師則可能以志工工作舉例。

三、評級量表

　　面試者使用評分指引建立基礎，使他們能使用相同標準來評鑑應試者的回答。我們都很了解，這個人認為的「卓越」（excellent），可能是另一個人認為的「良好」（good），因此，使用帶有行為舉例的共同量表能增進一致性。一套發展良好的評分指引會具體說明良好的、一般的，以及不良的答案所對應的分數（Eder & Harris, 1999），這類量表的使用被認為，能減少主觀性而增加可靠性（Campion et al., 1997）。

伍、透過更好的面試改進教師甄選

儘管面試的效度被長期詬病，面試仍舊是教師聘用作業採用的第二大方法。研究已經發現，面試對於建立組織的適配很重要，這種適配係指使應試者的知識、技能、能力適合學校系統的文化和需求（Eder & Harris, 1999）。因此，面試者（如：學校主管、教師、家長、人事主任）必須接受訓練，以執行更有效的面試並做出最佳決定，似乎是顯而易見的事。

29

一、發問問題

主管必須考慮想要從教師身上得到什麼，然後再問能夠蒐集資訊的問題，以利判斷應試者是否具有這些素質。在某個研究中，某學區初中校長（*N*=7）所問的真實問題，透過錄下來的教師求職面談而加以分析——涉及的各方都同意接受研究，以判別應徵的教師被問到的問題內容及類別（Perkins, 1998）。結果發現，有顯著數量的問題（43%）旨在得到事實知識的答案。後續的電子郵件問卷調查也發現，校長問的問題和他們所稱想知道的教師素質，並不一致。每位校長都問關於背景資料、教學，以及班級經營的問題，但是卻顯然缺少關於教學計畫、評量，以及教師個人特質的問題——這些問題都與有效的教學有關。

二、對面試的決定負責

申請者所回答面試問題的評量程序，提供了改進教師甄選決定的可能性。為了找出哪些要素形成有效的學習經驗而審視學校與班級時，我們會在許多事項上找到顯著的效應值——其範圍從課程延伸到學校建築，但影響最大的是教師。實際上，教師的工作職掌往往聚焦在專業領域的知識與技能，這些會比其他的高效能教師屬性更容易評鑑。當面面試，為學校教職員提供了評量應試者性情的發言機會，而應試者的性情很難從履歷表或申請文件中辨認出來（Delaney, 1954; Eder & Harris, 1999）。然而，面試很容易造成錯誤；例如，當面試問題分隔成具體項目，高效能的溝通者可能

30

看起來比較強而有力，但是在班級中，教師的知識、技能、性情，卻是結合在一起發揮作用。相反地，傑出教師在面試時可能看起來緊張，並且缺少教導學生時所明顯展現的自信。因此，面試的範本必須靈敏反映這些關切事項，並且幫助面試者三角檢定（triangulate）各種資訊，以做出有根據的決定。

陸、使面試過程更良好

　　提供學校主管一大群合格的教師應試者，是學區人力資源部門一直面臨的壓力。《有教無類法》將找出「高度合格」教師的過程簡化為，基本上只是檢驗教師證照的事情而已。因此，人力資源部門的挑戰不在於尋找高度「合格」的教師，而是使篩選和甄選高效能教師的可能性增加。教師效能方面和面試方面的研究文獻，為「教師素質指標」的面試範本提供了基礎，而這個範本的設計是為了增進面試者區辨未來可能與未來較不可能有效能的教師。TQI 範本詢問求職教師過去的工作表現，然後面試者或面試小組使用範本式評分指標來評鑑應試者的回答。表 2-5 說明某些 TQI 問題示例和高效能教師素質的一致。

　　有必要指出的一點是，面試問題的分配應涵蓋高效能教師素質的各方面。但各問題並非平均分配，與教學實施相關的素質，其問題數量應更加重。TQI 範本的關鍵特色是強調教學，這項特色使它不同於其他許多已出版的面試問題集。班級經營、教學計畫、評量，以及教師特質都會影響班級教學所發生的事情；這些因素由多重的問題來呈現。關於 TQI 問題的更多資訊和面試問題，請見第四章。

表 2-5　TQI 提問問題與高效能教師素質的一致之處　*31*

TQI 提問問題範例	個人特質	班級經營	教學計畫	教學實施	評量
1. 你認為教學最有意義的事情是什麼？	●				
2. 請說明，開學最初幾週期間，你會對學生做些什麼，以建立正面的班級環境。		●			
3. 請說明，你做長期教學計畫和短期教學計畫的過程。			●		
4. 請說明，你如何使學生參與學習。				●	
5. 請說明，以前當你很難管教某位學生的行為時，你如何處理。		●			
6. 請說明，你的評分辦法為何。					●
7. 回想一個你曾教過的教學單元。請說明，你為何選擇特定的教學策略來教這一課。				●	
8. 請說明，你的評量方式如何適應學生的學習需要。					●
9. 請舉一個例子說明，你如何建立及維持與學生的和睦關係。	●				
10. 請說明，你如何提升學生對成績的高度期望。				●	

（續上表）

31

TQI 提問問題範例	個人特質	班級經營	教學計畫	教學實施	評量
11.你如何以教學時間的運用證實學習是學生的基本目的？				●	
12.在教學過程中，你如何運用科技？			●		
13.從你的學科領域選一個學生通常覺得困難的主題。請說明，這個主題是什麼，以及你如何向學生解說，然後就你用來幫助學生擴充理解的某項活動，說明該項活動的指導要點。				●	
14.回想你未達成教學期望的某一課——儘管你已做好計畫和準備。請說明，再次做教學計畫及教導學生這一課時，你會考慮哪些事情、你會如何改變教學方法。	●				

教師甄選的法令因素

就像公平對待別人，是人人在個人生活上應該做的事，在教師的專業
生活中，公平評鑑教師應試者，也是應該做的事，而後者尤其也是法令的
要求。如Dessler（1997）所指出，僱主會因為幾項原因而保證公平對待員
工是很合理的事，而其中一項原因是，我們在愈益喜歡打官司的環境中生
活與工作。因此，我們必須以公平的、有倫理的、守法的態度，謹慎執行
所有的人事作業程序和決定。在本章中，筆者探討與教師甄選法令因素有
關的下列問題：

*1.*美國法律如何強制規範教師甄選的責任；

*2.*教師甄選的法律制度；

*3.*與教師甄選有關的聯邦法律；

*4.*公平合法的求職申請要件；

*5.*哪些因素構成法律上正當的面試；以及

*6.*哪些面試問題可以問、哪些不能問。

 ## 壹、美國法律如何強制規範教師甄選的責任

在美國，關於學校績效責任與教師素質的聯邦立法和州立法，一直企

33 圖確保國家未來的勞動力所需要的教育品質。學區必須界定、甄選，以及
留用高素質的教師；地方教育主管則必須向州政府提出年度報告，說明各
學校系統的高度合格教師之年增百分比（2001 年的《有教無類法》）。

　　美國教育部曾經指出：「高品質的教學……意味著把獨特的生活經驗
和觀點帶進班級中；同時為弱勢學生和非弱勢學生提供可貴的角色楷模；
豐富課程、豐富學習評量、豐富學校氣氛；以及強化對家長和社區的聯繫」
（1998, p. 3）。簡言之，立法強制規範的目的是，把高效能的教師分配到
每個班級。

　　有些州將「高度合格」詮釋為，教師必須接受額外的訓練，或者任教
的學科領域必須是大學時的主修學科，並且使上述資格成為取得教學執照
的強制條件。為使教師全面取得執照，許多州政府要求有志於教職者參加
PRAXIS 教師資格考試，或要求其他的教師資格測驗成績必須達到通過分
數（cut-score）以上。

貳、教師甄選的法律制度

　　美國的人事作業程序及其公共政策制定會隨著時間演進，以反映下列
工作機會平等（equal employment opportunity）的基本要素：

1. 可能的應試者必須被告知有職缺；
2. 應試者的評鑑必須根據能夠區分工作表現優劣的特徵；以及
3. 受僱者在工作上必須受到公平對待。

　　如 Cascio（2003）所指出：「雖然從沒有任何法律企圖精確界定*歧視*
一詞，但是在人員僱用的背景脈絡之中，廣義上，歧視可被視為，與其他
團體成員相較，給予特定團體成員不公平的好處（或傷害）」（p.79）。
34 因此，僱主必須確保他們的僱用策略——包括申請表格、面試問題、面試
範本——遵守下列要求。

1. *僱用策略必須無歧視*：職缺必須對所有人公開；

2. *僱用策略必須有效*：工作能力的篩選必須和工作有關，若非能預測工作上的成功，就是反映實際的工作要求；以及

3. *僱用策略必須公平*：求職申請的要求條件和面試問題，都必須和工作的特性相關。

《工作機會平等綱領》（Equal Employment Opportunity Guidelines）規定，不公平的質問必須去除。尤其，這意味著面試者不可以問任何會對僱用某身分團體者，造成不利影響的問題，也不可以問未談及工作要求、無關真正職業資格（bona fide occupational qualification, BFOQ），或者侵犯隱私權的問題。

 ## 參、與教師甄選有關的聯邦法律

眾多聯邦法律都在保障美國公民的權利，包括找工作的過程和受僱之後。

一、美國憲法條文與修正案選輯

美國憲法一直被詮釋為，旨在預防不合法的人事決定，可應用到討論教師甄選的主要條款包括：

1. *第一條第十款*：「沒有任何一州應該……通過……損害契約義務的法律。」

2. *第一修正案*：「國會不得立法尊崇宗教集團或禁止自由信仰宗教；或者，剝奪言論自由、剝奪出版自由，以及剝奪人民和平集會，或者因為求償或不滿而向政府請願的權利。」

3. *第十四條修正案第一款*：「所有在美國出生或歸化的人民，都必須服從美國政府的管轄權，他們是美國及所居住州的公民。各州都不應該立法或執行任何剝奪美國公民特權或豁免權的法律；各州也不

得未經過應有的法律程序，就剝奪任何人的生命、自由或財產；各
州也不應該在其管轄權之下，否決任何人受到法律的公平保障。」

如此，與就業和個人自由有關的契約問題，以及將個人自由應用到州的法
律，都會對甄選的決定產生影響。

二、聯邦法律選輯

直到一九六○年代中期，求職面試和教師甄選在美國還很不受管制。
《1964 年民權法案》（Civil Rights Act of 1964）主要條款——有關就業議
題最重要的立法——內容如下：

> 《1964 年民權法案》（88-352 號公共法），42 U.S.C. § 2000e-e-2
> 第七條，工作機會平等
> § 2000e-2 不合法的僱用策略。僱主的作法。
> 1. 對僱主而言，以下是不合法的僱用策略——
>   (1)無法僱用、拒絕僱用或解僱任何人，或者因為受僱者的種族、
>   膚色、宗教、性別或國籍，而以另外方式歧視其關於工作的
>   補償金、條件、情況或特權。
>   (2)對受僱者施以任何方式的限制、隔離或分級，這樣做將會剝
>   奪或傾向剝奪任何人的就業機會，或者因為受僱者的種族、
>   膚色、宗教、性別或國籍，以另外方式對其受僱者的地位產
>   生負面影響。

如同法律本身的清楚陳述，《1964 年民權法案》禁止以種族、性別、
宗教或國籍為根據的歧視，第六條尤其禁止任何接受聯邦補助的計畫施行
歧視，第七條則禁止公共部門的人員僱用有歧視之事。此外，第七條規定，
設立工作機會平等委員會（Equal Employment Opportunity Commission,
EEOC）來調查聲稱遭歧視的事件。雖然表 3-1 呈現的清單還不夠廣泛，但
確實提供了與教師甄選及相關僱用策略有關的主要聯邦法律條款。

表 3-1　與僱用有關的聯邦法律選輯　　　　　　　　　*36*

法令	內容
《薪資平等法》 Equal Pay Act, 1963	1.要求對工作相當的男性與女性支付相同的薪資。 2.不適用於以工作表現為根據的薪資制度。
《就業年齡歧視法》 Age Discrimination in Employment Act（ADEA）， 1967	1.禁止年齡的歧視。 2.保障四十歲以上的個人。 3.適用於所有政府單位和受僱者在二十九人以上的私人僱主。 4.當年齡是實際的工作資格要求時，不適用。
《工作機會平等法》 Equal Employment Opportunity Act, 1972	將 ADEA 的涵蓋範圍擴大到，所有受僱者在十五人以上的私人僱主、教育機構、州政府及地方政府、公立與私立的職業組織、受僱者在十五人以上的工會，以及管理實習與訓練的共同委員會。
《復健法》 Rehabilitation Act, 1973	1.禁止基於殘障狀況的歧視。 2.要求工作環境的設施做合理調整。 3.要求設定工作相關的求職甄選標準。 4.適用於聯邦經費補助的接受單位。
《身心障礙法》 Americans with Disabilities Act, 1990（Title I and V）	1.將 1973 年的復健法擴展到，未接受聯邦補助的私部門和政府機構。 2.所有歧視身心障礙者的人事措施，都是不合法的行動。 3.包括下列身心障礙的保障類別：腦性麻痺、肌肉萎縮、多重硬化症、愛滋病、HIV 感染者、情緒疾病、藥物成癮、酒精中毒、閱讀困難症。 4.要求受僱者必須以其他方式合乎職位的資格要求，或者符合工作要求。 5.允許要求懲罰性的賠償（不准針對學區提償）。 6.設定對無障礙建築物的要求。 7.要求工作環境的設施做合理調整，除非調整會引起過度的困難（例如：費用過高、重大影響、過度干擾，或者改變組織的基本功能）。

（續上表）

法令	內容
《民權法案》 Civil Rights Act, 1991	1. 萬一有蓄意的工作歧視，即給予金錢賠償。 2. 提出傷害告訴的權利。 3. 有義務澄清負面影響（非蓄意歧視）。 4. 修正《1964 年民權法案》，以保障工作者免於在工作的各方面受到蓄意歧視。 5. 修改工作相關測驗之分數以符合聘用決定，被認定是非法行為。
《家庭與醫療准假法》 Family and Medical Leave Act, 1993	1. 受僱者在子女出生後的一年內，就生產、收養或加護照顧，給予至少十二週的無薪釋工假。 2. 對照顧病重配偶、父母或子女，給予帶薪假。 3. 如果受僱者因病無法工作，就其嚴重情形給予帶薪假。

37 ## 肆、公平合法的求職申請要件

　　對許多學區而言，申請是教師甄選的第一個步驟，因此當學區考慮僱用一位教師時，考量如何使這項篩選工具有益於甄選過程，是重要的事。申請文件是蒐集關於教育、證照、經驗等基本資訊，最合理的機會；每一項主題都是法律允許蒐集的，因為都和工作相關。有個與工作較不明確相關的問題是，詢問應徵者是否曾經因為輕度交通違規以外的違法事件而被判刑。這道問題是法律准許的，因為學校有責任保護他們的學生。

　　求職申請文件使用各種格式，來蒐集基本聯絡資訊和初步的工作相關標準。雖然聘任的決定不應該只依據學校系統的求職申請文件，但這些申請文件卻廣泛用來試圖分析出有效教學的證明。表 3-2 說明申請文件能如何分析與高效能教師素質有關的先備知識、技能、特性。使用求職申請文件來區辨具體的素質指標，使學校主管對於哪些應試者應該進入面試階段，能做出更好的決定。

表 3-2 從求職申請文件發現有效教學的先備條件 *38*

審查	理由	其他資訊來源
認證狀態	指派任教認證學科領域的合格教師，其教學效能優於任教非本科領域或未獲得認證的教師。	Darling-Hammond, 2000b; Darling-Hammond, Berry, & Thoreson, 2001; Goldhaber & Brewer, 2000; Hawk et al., 1985; Laczko-Kerr & Berliner, 2002; Ross, Cousins, Gadalla, & Hannay, 1999.
	《有教無類法》要求高度合格的教師，這類教師可被界定為指派任教其認證學科領域的合格教師。	《有教無類法》，2001。
任教學科領域是主修或副修	學校教師所教學科是其主修或副修，與學生成績表現較高分有關。	Fetler, 1999.
	修畢教育專業課程的教師，更了解學生如何學習，以及如何為學生的學習組織教材。	Berliner, 1986; Scherer, 2001.
教育專業課程	與師資生平均學業成績（GPA）或教師資格測驗分數相比，教育專業課程是更強有力的教師效能預測指標。	Ferguson & Womack, 1993.
教學經驗	教學經驗影響教師效能，尤其在教學計畫、班級經營、發問、反省等方面。	Covino & Iwanicki, 1996; Fetler, 1999; Regnolds, 1992.
	由有經驗的教師所教導的學生，通常成績水準比較高。	Fetler, 1999; Glass, 2002; Wenglinsky, 2000.

（續上表）

審查	理由	其他資訊來源
專業發展	教師接受與任教課程內容領域有關，或者與所教學生群體有關的專業發展機會，其教師效能會增進，進而使學生達到更高水準的學業成就。	Camphire, 2001; Cross & Regden, 2002.
	運用科技的專業發展工作，是與教師效能有關的新興領域。	國際教育科技學會（International Society for Technology in Education, n.d.）

 ## 伍、哪些因素構成法律上正當的面試

　　儘管面試被廣泛用於篩選應試者是否適合職位，但其過程往往被誤用。民事訴訟的統計顯示，大多數的歧視案件都涉及工作機會平等委員會，並且違反《1964 年民權法案》（88-352 號公共法）第七條和《1991 年民權法案》（102-166 號公共法）（Equal Employment Opportunity Commission, 2002）。該法第七條禁止以種族、膚色、宗教、性別或國籍為根據的歧視；遵守該法令的聲明，常常出現在求職告示與申請文件的底端。其他由 EEOC 執行的法令包括：《1990 年身心障礙法》（Americans with Disabilities Act [ADA] of 1990; 101-336 號公共法）、《1967 年就業年齡歧視法》（Age Discrimination in Employment Act [ADEA] of 1967; 90-202 號公共法），以及《1963 年薪資平等法》（Equal Pay Act [EPA] of 1963; 88-38 號公共法）。

　　《身心障礙法》禁止公、私部門對有身心障礙的合格應徵者進行歧視，考慮到某些工作職位有身體功能的要求，僱主可以具體敘明這些執行工作所需的任務類別，然後詢問應徵者是否能夠做到。

　　根據 ADEA 的條文，超過四十歲、正在找工作的人，不得因年齡而受到歧視。EPA 也規定，不分性別，工作內容基本上相同的人，有權獲得相同薪資。在這些法令中，ADA 第七條和 ADEA 對面試有直接影響。

39

Young、Rinehart 和 Baits（1997）曾經研究，篩選教師應徵者時受到年齡影響的程度。在兩個互為獨立的研究中，寄給在職校長的資料袋詢問的是，他們會聘用哪一位應徵者擔任體育教師（*N*=360）、哪一位擔任物理教師（*N*=495）。這兩份問卷的回收率都超過 60%。校長們收到兩位資歷相同的應徵者資料，只不過在特徵描述方面，一位是二十九歲，而另一位是四十九歲。就體育教師一職而言，年輕的應徵者比較受到青睞，但這可能是年齡歧視的現象，至於物理教師的選擇則沒有顯著差異。

　　僱主在甄選過程中全力以赴，可以防止發生訴訟。例如，Williamson 等人（1997）發現，設計標準的面試問題、訓練面試者，以及規劃、評鑑面試過程的僱主，都曾經認真考慮過甄試的面試過程會發生什麼事，然後採取步驟確保以合法、符合倫理的方式對待應徵者。在這項九十九件訴訟案的研究中（Williamson et al., 1997），法官的裁決聚焦在面試與工作的相關程度，例如具體的工作相關問題和具體的標準，而不是面試如何執行。其他的法令因素研究，則檢視使用預測變項（predictor variables）所造成的迴異影響（Young et al., 1997）。

40

　　為努力增加做出良好任用決策的可能性，有些機構會使用預測變項，這類變項是諸如測驗分數的因素，能顯示哪些應徵者具備執行工作所需要的技能和知識。而這些變項不應該對任何特定的群體有負面影響，例如，如果某雜貨店店員職位的應徵者要接受辨識產品的測驗，則四十歲以上的應徵者與年齡較小的競爭對手都應有相等的錄取率。然而，即使預測變項對多數的一方有利，這些變項也不應該從甄選過程中移除（De Corte, 1999）。

　　預測變項應用在教育界的實例是全國教師資格考試。美國最高法院已裁決，這項考試並不違反《民權法案》第七條，即使該考試評量教師工作所需的特定教材內容，曾使得南卡羅萊納州許多少數族裔教師不及格（United States et al. v. State of South Carolina, 1977）。教育界常用的其他預測變項包括，用於剛畢業者的大學平均學業成績和師資生工作表現報告（Shechtman & Sansbury, 1989）。追根究柢，學區必須應用其可以支配的所有最佳預測變項，以甄選出能教導學生的最合格應徵者，同時，學區也必須敏

銳注意到可能發生的任何不合理的迥異影響。

 陸、哪些面試問題可以問、哪些不能問

如果面試問題涉及禁忌範圍，問錯問題會使可能的僱主必須負起重大責任。請思考下列案例的重點，這些重點引用自 Ruiz 和 Sperow（1997）的摘要：

41

（在一九七七年）陪審團判給求職者 157,500 美元，因為可能的僱主在面試時問了以下問題：「目前或過去有哪些醫療問題可能會限制你的工作能力？」雖然公司堅稱應徵者是因為言行粗暴而未被僱用，但陪審團的結論認為面試問題違反《身心障礙法》。（p. 1）

那麼，面試可以問什麼問題？面試可藉由提出基本問題和後續問題，來深度探究工作相關的問題，同時，面試也是判定應徵者與組織是否適配的良好工具。然而，一般而言，在求職申請過程中的任何違法詢問，在面試時也是違法的，即使有關應徵者家庭的隨意閒聊，也會被認定為不被允許的詢問，因此，面試者必須確定，所有問題都聚焦在工作相關的責任上。

 柒、哪些策略有效：合法面試的實用指引

為使教師甄選的決策達到平衡，而且在法律上正當合理，Peterson（2002）提供下列非常有用的良策摘要，以幫助確保聘用策略的合法性：

　　1. 適當徵詢法律意見；
　　2. 應徵者的身分保密；
　　3. 校驗所有的招募資料；
　　4. 在徵才信中勿列舉太多細節，以免被視為求職條件；

5.不要告訴未入選的應徵者，他們為什麼不被考慮；

6.評鑑你的甄選方案；以及

7.訓練及評鑑所有的新任教師。

筆者倡議的是，在保障有志教職者的權利時，也要同時允許學區能蒐集所需的工作相關資訊，以利做出良好的任用決策。

　　教師甄選的過程很複雜，而隨著教師離職、學生在學人數增加、教師退休等因素，導致學區需要更多的教師，甄選教師的過程需要更深思熟慮的注意。訓練學校主管人員了解哪些因素構成公平合法的面試，是一項步驟；而採用能使學校對高效能教師的需求連結到面試問題的面試範本，則是另一項步驟；最後的步驟則是將甄選視為循環歷程的一部分，其中，釋出職位供申請只是開始，而在甄選之後，學校主管可以比較教師的工作表現反映面試所見的程度。事實上，就如某些教師比其他教師更有效能，有些學校主管比其他學校主管更擅長在面試時，區辨誰將成為優秀教師或卓越教師。

42

第二篇

教師素質指標的應用

CHAPTER

面試與找出最佳應徵者

4

在大多數的學校系統中，學區層級的人力資源部門審查提出的求職申
請文件和履歷表，然後與有希望入選的應徵者進行簡短的篩選面試，以更
了解應徵者與工作相關的知識、技巧和能力。這些面試可以在工作博覽會
時進行，或者透過電話、視訊會議、網路、面對面會談等方式進行。最合
乎資格的應徵者隨即被推薦參加學校層級的面試，在這之後往往會做出聘
用的決定。由於這項原因，教師素質指標範本包括了兩個部分：其一適用
於篩選面試，其二適用於學校層級的面試（見第六章）。

在本章中，筆者討論下列主題：

1. 影響面試決策的因素；
2. 增進面試決策效能的方法；
3. 支持 TQI 範本核心面試問題的研究；
4. 如何建立對面試回答品質的共識；以及
5. 如何處理使用 TQI 範本可能帶來的挑戰。

 壹、影響面試決策的因素

面試進行之後，許多因素會影響決策的形成，這些決策的範圍從人格

的衝突延伸到環境的情況，例如面試的房間太溫暖或太冷。圖 4-1 呈現了許多教師甄選面試的真實情況──連珠砲式的影響因素而沒有任何過濾機制或指引。雖然圖中許多術語看來很熟悉，但有必要略加描述：

1. 應試者的情意特質（affective characteristics）包括其說話的聲音、微笑、吸引力、親和力，以及其他許多難以形容的特質；
2. 預期的回答是面試者產生偏見的來源，因面試者期望聽到特定的答案。
3. 環境因素為超出應試者或面試者控制能力的影響因素，例如火災警報或房間的溫度。
4. 直覺反應就是面試者對面試的感覺。
5. 相關因素泛指似乎經常彼此混合的因素。
6. 面試者的專業知識是指面試者所知的學科內容知識與教育實務。
7. 面試者的訓練是指，使面試者知道什麼是正確的或不正確的詢問，以及如何問探究的問題，以獲得做出有影響力的決策所需要的資訊。
8. 所問問題決定了應試者的回答，因此，發問問題題組必須詢問有關有效教學的多項因素，此外，面試者必須構思問句的措辭，以利應試者說明其過去的經驗，而不是只說出對特定主題的意見。

47

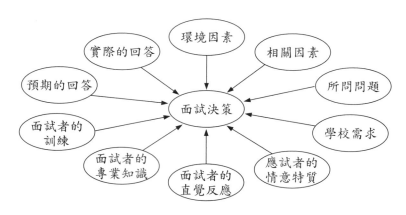

圖 4-1　影響面試決策的因素

9. 問題的回答是指，就證明學科內容知識、學生知識，以及教學知識而言的答案品質。

10. 學校需求是指，在工作說明中未敘明的事項，但這些事項的確影響應徵者在校內如何工作。例如，如果應試者將參與協同教學，教學團隊中不同教師的人格特質與應試者的人格特質如何互動，是一項考慮因素。如果順利的話，應試者不會因為過去擔任過運動教練或指導過特定的學生社團就被錄取。然而，倘若其他的專業條件都相同，學校需要有人指導特定的社團時，可能會把某位應試者改列為「優先名單」。

　　圖 4-2 呈現 TQI 面試範本的決策流程，其中，題組和評分指標得自高效能教師素質的研究。這套範本強調透過可得研究資訊所構成的透鏡來做決策。請注意，此範本還是承認面試決策應該將各種影響因素納入考慮，但是這些因素不影響對研究本位的標準的支持。舉一個類比為例，試想足球賽的球迷會如何透過影響球員的感受，而以無法捉摸的方式影響球賽結果，但畢竟，最終決定球隊贏球或輸球的是球員的行為。 *48*

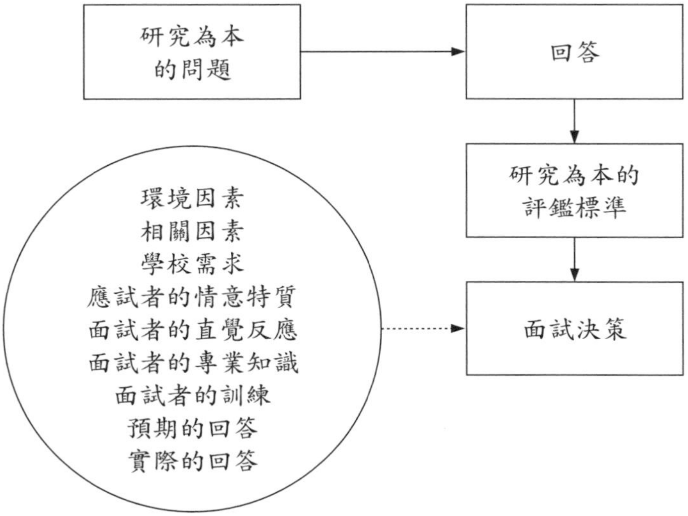

圖 4-2　採用教師素質指標的面試決策

貳、增進面試決策效能的方法

　　整合高效能教師素質的文獻和研究所宣稱的有效面試方法，是邁向做出更好面試決策的第一步。TQI 範本結合我們所知，影響面試和影響班級教學的因素，此範本的每個部分都是以大量的研究為根據，在篩選面試和學校面試中，應徵者會被問到一系列與各項教師素質有關的問題。面試者在聆聽每一段回答之後，隨即評給等第，在面試結束時，各項得分會依照教師素質項別記錄，然後累計總分。在學校層級的 TQI 問題集中，有其他部分可做應徵者的分數排序。為什麼要排序？有項面試技術的研究，調查面試者對應試者的排名，是否合乎根據應試者之前工作表現的排名，結果發現這類排序是有用的（Maurer & Lee, 2000）。就實際而言，排名的過程可以幫助面試小組對於決定哪些人是最優秀的應徵者，更快達成共識。本書的第二篇提供了 TQI 範本的格式和訓練文件，這些資料能讓讀者比較對回答範例的評級和取樣自美國公立學校校長的複合評級有無差異。

　　雖然在遞補教師職缺或充實員額時，面試對學校主管而言通常是必要的策略，但是某項全國問卷調查指出，有將近四分之三受訪的學校主管未曾受過面試教師的訓練，而大多數學校主管的面試技能是向其他主管學來的（Hindman, 2004）。這項發現呈現了一些潛在的問題：(1)心存善意的主管可能無意間使得無效能的面試習慣繼續存在；(2)學校主管可能不知道 EEOC 準則。例如，某篇質性研究的博士學位論文指出，參與研究的校長並未詢問能得到想要資訊的問題，甚至有時候會問到違法的任用問題（Perkins, 1998）。當僱主訓練面試人員並且使用標準的範本時，面試的過程會更有效可靠（Williamson et al., 1997）。

　　研究已發現，結構化面試的訓練可以改進任用決策的信度和效度（Dipboye & Gaugler, 1993; Maurer & Fay, 1988）。使學校主管接受有效面試策略的訓練，能產生較佳的聘用決策，進而提供學生更優良的教師、減少因為教師表現不佳而不再續聘的情形，以及減少在教師甄選方面花費的時間與金錢。

為了介紹 TQI 的問題集，以下暫不探討教師甄選。請想像一個十六歲的男孩，他試著說服父母自己已經做好考駕照的準備。而他的父母如何判別孩子是否真的準備好——真的準備負起開車的責任？如果他們有像表 4-1 的範本會如何？（請注意，此範例中的各部分都對應到 TQI 面試範本的各部分。） *50*

表 4-1　面試範本舉例

問題：請說明，你為什麼已經做好考駕照的準備。

素質指標舉例		註	
1.順利完成駕駛人訓練課程。 2.蒐集獲得駕照所需的文件。 3.在生活的其他方面負責任或言行成熟，例如做作業、擔任臨時保母。			
□不合要求	□發展中	□已熟練	□可為範例
「我的朋友都會開車，我也要有一輛汽車。」	「我沒有濫用學習駕照的權限，而且現在我的年紀夠大了。」	「既然我已經完成駕駛訓練課程，而且已經跟著你見習開車很久了，我想我已經準備好能幫你開車送妹妹去練習足球。」	「我知道開車是重大的責任，但我已經準備好所有的細節，包括從自籌部分的保險和油錢等花費，到注意其他駕駛人的安全。」

問題。問題經過措辭修飾，因此這個十六歲的男孩必須從自己的觀點和經驗來回答，這些問題的設計是要讓他談談自己的行為與動機。

素質指標範例。素質指標係做為相關構念（constructs）的具體舉例，而應試者在回答面試問題時可能會提到這些構念。這些指標是一種工具，使面試者聚焦於可期望應試者說出的內容，在這個十六歲的未來駕駛人的例子中，對這個特定的問題（譯註：考駕照），其指標是其他人所知的「適宜」答案。（對 TQI 範本而言，其指標是以高效能教師的研究為根據。） *51* 這些指標的目的不在於看起來似乎是「正確」答案；它們只是舉例（Huffcutt et al., 2001; Pulakos & Schmitt, 1995; Schmidt & Rader, 1999）。

　　註記用方格。寫註記的方格是用來記錄重點。在 TQI 面試範本中，寫註記不是必備的，但是，Burnett 等人（1998）所做的兩項研究均強調，面試者在面試時若有機會做註記，他們通常會記錄工作表現的資訊——應試者在工作上曾有的或現有的表現，而不是註記人際關係、職位或行為之類的其他因素。做註記會增加面試的效度（如：適當性），此外，它也能改善面試者對應試者回答內容的回想（Macan & Dipboye, 1994; Middendorf & Macan, 2002）。

　　四級距的評分指標。評量指標產生一套準則。每一位面試者根據其先前經驗、知識，以及其他因素（諸如圖 4-2 所示），就自己想聽到的答案以不同方式處理發問問題。評分指標界定某項任務有哪些部分是重要的（Goodrich, 1996），而且也增進個人評分的一致性、減少集體評分的主觀性（Campion et al., 1997）。當幾位面試者對面試的回答逐項評分時，評分者間信度（inter-rater reliability）往往高於各自在面試結束時給個整體分數（Taylor & Small, 2000）。以筆者舉例的那個十六歲男孩而言，如果其父母兩人都參與面試決策過程，兩人會使用同樣的一套準則來決定兒子開車的準備程度如何。

 ## 參、支持 TQI 範本核心面試問題的研究

　　為了編製教師素質指標，筆者檢視了第一章所述的六個素質面向，並且提出十四項核心素質。接下來的幾頁將提供許多則面試問題的範例，其設計是在鼓勵應徵者說明與這十四項素質有關的經驗。在每個問題之後會列出少數幾則摘要，而這些摘要代表了精選的有效教學研究之結論。筆者將重要的研究包括進來，以舉例說明，TQI 範本的面試問題為什麼在幫助區別教師應徵者方面很有價值。

52

一、有效教學的先備條件

　　理想上，應試者在面試之前就完成的求職申請文件，應該提供關於有效教學這項素質方面的充分資訊。由於申請文件會問到教育背景、年資，以及其他細節，面試者的面試問題不必涵蓋這些主題，而 TQI 範本也不必直接詢問應試者的學科內容知識。然而，在回答關於課堂教學準備、班級教學或學生評量的問題時，應徵者可能會應用富含學科內容知識的舉例。（比如，見核心素質 12「教學複雜度」之下列出的問題。）應試者回答特定問題時提到的學科內容知識，對於面試者判斷應試者在這方面的知識，提供了額外的有用資訊，而兩部分的 TQI 範本（篩選層級和學校層級）之總結項目，也都要求面試者評鑑應試者的學科知識。

❖ 核心素質 1：學科內容知識

　　根據應徵者的面試，對於應徵者的學科知識給予整體評級。

　　1. 學科內容知識足以整合基本能力與知識（Langer, 2001）。

　　2. 教師主修或副修的某些學科——例如數學與科學，能使學生的學業表現優於由欠缺該學科背景的教師所教導之學生（Wenglinsky, 2000）。這些教師通常具備其任教領域的認證，所教學生在標準化測驗的成績也較高（Wenglinsky, 2000）。此外，他們能夠將其熱忱、理解，以及知識傳達給學生。

二、教師的人格特質

53

　　當學生被要求描述對他們影響最深的教師時，學生往往在提到教師的教材內容知識和班級經營之前，先提到教師的個人特質。高效能的教師會對自己的專業感到樂觀、與學生建立正面的師生關係，以及致力於反省的實踐。

❖ 核心素質 2：熱忱與動機

　　問題：你認為教學最有意義的事情是什麼？

1. 教師對學習和對任教學科領域的熱忱，常常會影響學生對該學科的態度（Edmonton Public Schools, 1993）。

2. 有凝聚力的學校環境會產生一股由教師強化的能量，此能量使教師相互社會化並且建立社群感（Hoy & Hoy, 2003）。

❖ **核心素質 3：與學生的互動**

問題：請舉一個例子說明，你如何建立及維持與學生的和睦關係。

1. 高效能的教師親切、有自信，而且設法了解學生（Wubbels, Levy, & Brekelmans, 1997）。

2. 高效能的教師會應用已建立的師生關係，作為影響學生的正面力量來源（Northwest Regional Education Laboratory, 2001）。

❖ **核心素質 4：反省的實踐**

問題：回想你未達成教學期望的某一課——儘管你已做好計畫和準備。請說明，再次做教學計畫以及教導學生這一課時，你會考慮哪些事情、你會如何改變教學方法。

1. 高效能的教師運用反省，使自己的信念與行為趨於一致（Corcoran & Leahy, 2003）。

2. 反省係屬專業實務例行又固定的部分（Grossman et al., 2000），反省可以自己進行或藉他人幫助而進行。

54 三、班級經營與組織

　　廣義上，班級經營與組織是指班級的環境，包括：規則、常規，以及影響學生在班級中如何活動的一切安排。視教師與學生而定，班級環境可以充斥著學生邊說話、邊做作業的嗡嗡聲，也可以很安靜，或甚至處於很混亂的最糟情況。當教師不在班上時，班級經營效能的要素才能真正看出來，或者當教師描述教室內沒有學生的情形時，這些要素才能被具象化。但班級經營效能的真正測量依據，仍然是教師與學生如何在班級的環境中活動。

❖ **核心素質 5：班級經營**

問題：請說明，開學最初幾週期間，你會對學生做些什麼，以建立正面的班級環境。

1. 高效能的教師會設定常規、帶學生演練規則，以及增進學生對班級的共有感（Shellard & Protheroe, 2000）。
2. 高效能的教師透過自己的行為營造班級氣氛，以向學生確保班級是促進學業成長和社會互動成長的安全場所。高效能的教師也會營造讓學生對學習感到興奮的正面氣氛（Kohn, 1996）。

❖ **核心素質 6：學生的管教**

問題：請說明，以前當你很難管教某位學生的行為時，你如何處理。

1. 高效能的教師以適當的、公平的，以及一致的方式處理他們所關切的學生事務（Shellard & Protheroe, 2000; Thomas & Montgomery, 1998）。
2. 高效能的教師可能會提示學生，以指出哪些事情應該進行（Education U.S.A Special Report, n.d.）

四、教學計畫

教學計畫係指，教師在學生進入教室上課之前，所做的各方面計畫與準備。就分課教學計畫（lesson planning）而言，它同時包含長期計畫和短期計畫，後者通常包括概覽州訂學科學習標準、學區的課程綱要，以及教材資源（例如教材書、補充教材資源、網站資源），然後決定班級教學需要哪些設備。在這段組織教材的時期，教師會設計教學計畫，而且會蒐集各項教材資料或自行撰寫教材，以充實教學計畫。

❖ **核心素質 7：教學計畫**

問題：請說明，你做長期教學計畫和短期教學計畫的過程。

1. 高效能的教師可能會協力編製長期的教學計畫，以啟發剛開始教這

55

個年級或這個學科領域的新教師，以及從其他教師獲得更多的洞見（Darling-Hammond, 2001）。

2.高效能的教師會檢討短期的教學計畫，以確保其教學符合學生需要、進度安排適當，以及具備回饋的機制（Cruickshank & Haefele, 2001）。

❖ **核心素質**8：**應用科技做計畫**

問題：在教學過程中，你如何運用科技？

1.透過利用實際操作的活動和個別化教學，科技可被用於將教學轉換成以學生中心的方式（Dickson & Irving, 2002）。

2.高效能的教師會研擬應用科技做為工具的計畫，以幫助學生改進諸如寫作之類的技能（Rockman et al., 1998）。

請注意，「科技」不是電腦的同義詞，該術語的使用在納入各類型的科技應用與設備，其範圍涵蓋計算機、數位影音光碟到電腦的應用。

五、教學實施

教學實施也許是最為大眾知悉的高效能教師素質。教學實施階段使幕後的教學計畫得以實現，也使接下來的學習評量能延續教學的循環過程。教學實施就是「教師教學」的過程，其方式為透過講述、透過在學生學習一系列新能力時給予指導、透過促進學生的知識探究，或者透過進行許多其他形式的教學活動。

❖ **核心素質**9：**使學生參與學習**

問題：請說明，你如何使學生參與學習。

1.投入學習的學生會積極參與學習的過程。研究發現，為鼓勵學生參與，高效能的教師提供學生答案不設限的實作作業，以使學生能證明其所知（Eisner, 1999）。

2.高效能的教師應用學生中心的教學來激勵學生（Johnson, 1997）。

❖ 核心素質 10：教學策略

問題：回想一個你曾教過的教學單元。請說明，你為何選擇特定的教學策略來教這一課。

1. 教學策略是達到預期學習結果的方法，高效能的教師了解，在某些情況下或對某些學生而言，有些教學策略比其他的教學策略更有效，因此他們使用各種不同的教學策略（Darling-Hammond, 2001; Educational Review Office, 1998）。

2. 合作學習是經常被用於促進學生參與，以及增進高層次思考技巧的學習策略（Shellard & Protheroe, 2000）。

3. 進行實際操作學習的學生會比未經過操作練習或模擬的學生，達到更高水準的學習結果（Wenglinsky, 2000）。

❖ 核心素質 11：傳達學科內容和能力的知識

問題：請說明，你如何提升學生對成績的高度期望。

1. 高效能的教師了解，許多學生將成績視為評量成就的重要依據。這些教師鼓勵學生冒險努力達到高度期望，其方式包括：要求學生自己設定高度的期望，然後支持這些期望；向學生傳達「你做得到」的態度；以及當學生學習其能力可及的事物時，對學生的能力表示有信心（Covino & Iwanicki, 1996; Freel, 1998; Peart & Campbell, 1999; Walberg, 1984）。

2. 高效能的教師相信，自我應驗預言（self-fulfilling prophecy）對於學生的期望能起特殊作用，他們透過對學生表達更多期望的行動來實現這項預言，因此學生對成功的自我期望會提升（Entwisle & Webster, 1973; Mason et al., 1992）。

❖ 核心素質 12：教學複雜度

問題：從你的學科領域選一個學生通常覺得困難的主題。請說明，這個主題是什麼，以及你如何向學生解說，然後就你用來幫助學

生擴充理解的某項活動，說明該項活動的指導要點。

1. 高效能的教師知道如何使學科內容知識適合學生的生活，以及適合整個學科主題，因此他們會呈現能賦予事實意義的教學內容。高效能的教師做到這一點的方式為：透過更寬廣的世界脈絡來教導學生學科內容知識，以及將教材連結到學生的日常生活和其他學科主題（Bloom, 1984）。

2. 高效能的教師也利用各單元的文本來幫助學生將知識連結、組織，以及貯存為長期記憶的一部分（Marzano et al., 1993）。

六、監控學生的進步與潛能發揮

評量既是持續的過程也是累積的活動，端視其如何應用而定。當教師透過問答查核學生的理解、瀏覽學生的課堂作業、傾聽學生的問題，以及執行許多其他教學職務時，教師就是在非正式地評量學生。高效能的教師會對學生表現良好和可以改進的部分，提供口語的回饋和非口語的回饋。對學生進步情況的非正式監控還包括，對學生完成的作業、成績，以及測驗結果給予書面評語。監控學生的進步與潛能發揮是複雜的評量過程，在過程之中，教師應用他們獲得的資訊來調整教學，以確保學生的進步。

❖ 核心素質 13：監控學生的進步

問題：請說明，你如何對學生與學生家長解說你的評分辦法。

1. 高效能的教師聚焦在提供學生回饋，使學生在知識和能力上有所進步，其作法則是讓學生知道，他們在預期學習結果方面的進步情形（Walberg, 1984）。

2. 高效能的教師除了即時對學生的作業評分之外，還使用口語的回饋和非口語的回饋（Marzano et al., 2001）。

❖ 核心素質 14：教學符合學生的需要和能力

問題：請說明，你的評量方式如何適應學生的學習需要。

1. 高效能的教師會安排教學活動的順序，以促進學生的認知發展和成

長（Panasuk et al., 2002）。

2.高效能的教師會區分教學與指定作業的難度，以適合個別的學生（Stronge et al., 2003; Tomlinson, 1999）。

 ## 肆、如何建立對面試回答品質的共識

　　TQI 範本使用評分指標，以呈現對面試回答品質的共同理解。研究者發現，當面試問題很具體時，制式的評量表會被使用，而面試者的評分會比未使用評量表時更一致（Taylor & Small, 2002）。篩選層級和學校層級的面試表格都包含的評分指標，也被列入一項全國調查研究之中，並已證實其效度（Hindman, 2004）。

　　TQI 範本使用的評分指標，將每道問題的回答分為四個級距：不合要求（unsatisfactory）、發展中（developing）、已熟練（proficient）、可為範例（exemplary）。在更大的背景脈絡中，這些區別指出了下列情形：

　　不合要求（如：不良）。這位應徵者欠缺高效能的教師所需要的能力，除非學校系統保證處理教師能力不足的問題，否則不應該聘用這位應徵者。

　　發展中（如：尚可）。這位應徵者具備成為好教師的素質，但還不是一位真正的好教師。如果學校系統決定延長與這位應徵者的聘約，他必須接受特定方面的專業發展與協助，以成為能力精熟的教師。

　　已熟練（如：良好）。這位應徵者大體上似乎是優秀的、可靠的教師。對學校、學生、其他教職員而言，聘用這位應徵者將是有益的決定。

　　可為範例（如：卓越）。這位應徵者可能是非常高效能的教師，他具備評為熟練程度的所有特徵，也具有使自己成為學校系統傑出生力軍的其他技巧、其他能力、其他特質。

　　TQI 評分指標藉由提供具體行為的描述，使其比標準的評量表更超越一大步，而這些被描述的行為都連結到面試的每道問題所呈現的工作表現層次。

59

伍、使用 TQI 範本時可能產生的挑戰

　　教師素質指標是高度建構的面試範本，其優點在於，範本的設計使面試問題與研究證實的學生學習影響因素一致。對某些學校系統而言，實施 TQI 範本而產生的挑戰可能涉及典範轉移（paradigm shift），即從根據「直覺反應」來做決策，轉變成使用更量化的評分指標、詢問應徵者預先決定好的問題，以及考慮應徵者的反應。

一、典範轉移

60

　　少數人具有不可思議的「識人」能力，而且在幾分鐘的交談之後，本能上似乎知道某人在班級教學中將會有多好的表現。我們都知道第一印象很重要，聲稱應徵者的穿著和談吐對面試者的想法無影響，是欠缺經驗的講法。我們常聽人家說：「我在最初五分鐘內就知道我會僱用某人。」然而，最適任的應徵者可能不是令人有最佳第一印象的人，如果我們能考慮到，事實上，買一套專業套裝比發展一套有效教學策略要容易得多。

　　有位校長曾經告訴筆者有關第一印象的一則實例。這位校長有兩位校內教師同時應徵相同的職位，該職位係由離兩位教師家較近的鄰近學校系統所提供。這位校長不介意失去其中一位教師，但另一位是傑出教師而且在校內是意見領袖。結果這位校長很幸運，那個職位給了能力比較差的教師。她告訴筆者但沒告訴未轉校成功的教師，此聘用的決定關鍵可能在面試。能力較佳的教師教學出色，但是有一頭燙壞的捲髮，她雖然盡力表現專業人士的樣子，但看起來衣著古板，而且在面試時往往會緊張；能力較差的教師──錄取的那一位，有極佳的穿著打扮，以及相當文雅動聽的談吐。

　　順著直覺做決定，這類決定總是會根據摻雜了偏見的第一印象。前面幾道面試問題回答得相當好的應試者，即使後來的問題答得不好，仍可能使面試者保留正面的看法。這種「月暈效應」的產生，是由於面試者對應試者已經有了決定，而且留心傾聽能夠強化其最初評價的後續回答。這個

作用也可能倒轉過來（「音叉效應」）。如果某人一開始的表現很差，很難在面試的後段變得受青睞。

TQI 範本提供了與每項面試問題一致的評分指標，藉由問問題、聆聽回答、評定回答的好壞，面試者可以聚焦在每項問題上，然後以共同的一套準則來評量。面試偏見的減少是因為無論面試者對前面的回答有什麼想法，其對應試者目前的回答是單就其本身好壞而評分。月暈效應和音叉效應就像直覺反應一樣，無法完全去除；但是，TQI 範本有助於抑制這些因素，並且增加根據所有資訊做出面試決策的可能性。

61

二、解決對使用預先決定問題的擔憂

面試只是學校主管在其工作上執行的眾多任務之一，但無疑是最重要的任務，因為面試在甄選將對學校社群和學生學習產生影響的新任教師。然而，儘管面試很重要，有 69%的學校主管在一項全國調查中提到，面試問題是由其他學校主管所提供（Hindman, 2004），這可能暗示，談到計劃面試作業時，學校主管有很大的自主權。

TQI 範本提供人力資源部門和學校人事主管一系列與教師效能有關的面試問題。雖然這些面試問題可能和學校主管已問過的問題類似，但關鍵在於它們如何組合。TQI 範本不僅強調教學相關的素質，也涵蓋被發現能反映教師效能的其他素質。TQI 的結構化格式有助於確保學校主管了解應徵者的教學實務，以及有關不同素質的能力。而預先決定的問題則聚焦在，使可能錄取的教師說明他們的過去表現與目前的能力。

偏好按學科領域或情況自訂其面試範本的學校主管，可以藉由選擇「面試者自選題」（Interviewer's Choice）表格中的替代問題做到這一點，這些自選題收錄在原書所附的光碟中（譯註：中譯本不提供光碟）。採用這套範本使得赴大學工作博覽會篩選新進教師的學校主管，可以向應徵者詢問較不需要依賴班級經驗的問題，以及改為要應徵者提出曾經教導過兒童或青少年的其他教學經驗。同樣地，學校層級的面試小組可以自訂其面試範本，以擴充和某一年級或某一學科領域連結的主題。

62

三、處理應徵者的反應

面試的第二重目的常常被忽略。面試者的基本目的是決定錄取哪些應徵者，但是面試者很少考慮到的另一項目是，使應徵者更了解學校系統。TQI 是一套高度結構化的面試範本，應試者以前可能未遇到過。在結構化面試中，應徵者可能會因為欠缺「非正式的」對話而大吃一驚，因此誤判面試者並不喜歡自己，或者推斷自己不想成為如此呆板正式的組織之成員。此外，由於所有的問題都是預先決定的，可能會出現應徵者對一項問題所提供的資訊超出實際需要的情況，結果造成其回答了另一道問題。然後，當面試者繼續按問題清單發問時，應徵者可能會被他已經提過答案的問題所延遲，而且應徵者可能會質疑：「這位面試者到底有沒有聽我說話？」

面試者可以盡一點力來處理這些擔憂事項，在第一個例子中，面試者一開始應該說明，面試問題的設計，是為了獲得有關應徵者教學經驗的資訊；在下一個例子中，面試者應該承認，應試者對某個問題的回答可能也觸及到另一個問題，當問到另一個問題時，面試者應該提供應徵者深入談論該問題的機會……以擴充已經回答過的內容。

理想上，面試結束前應該讓應徵者有機會問面試者問題，這會給予應試者時間來探究關於應徵職位、學校系統，或者任用過程的其他方面興趣。如同面試者正在尋找適合組織又能順利在其中工作的人，應試者也在尋找他們能夠享受工作樂趣的所在，面試者可能是應徵者在學校系統中遇到的少數人之一，前者有必要創造好的印象。

63

陸、甄選是過程

如果學校或學區審查教師應徵者的作業程序很詳盡，就會考慮到一大堆的資料來源，包括：工作經驗、工作相關的技巧和能力（如：電腦技能）、教師資格檢定測驗的分數（如：PRAXIS）、認證情況、犯罪前科查核（許多州已有法令規定）、篩選面試的回答、學校層級的面試互動、大學成績單正本、推薦信、寫作樣本，以及模擬試教（sample lesson demonstrations）。TQI的面試形式在任用過程中可成為很重要的部分，在對話過程中的資訊交換，對於評估應徵者的資歷是否符合職位，以及判定應徵者未來有多適合組織，是有價值的參考依據。

與面試和高效能教師素質有關的研究，為教師甄選過程和本書呈現的TQI 範本提供了基礎。面試過程的設計，在使人力資源和學校人事部門的焦點，聚集於透過「效能的透鏡」（effectiveness lens）來做決策，而 TQI範本的設計納入許多心理測量的特性，研究發現，這些特性能提高甄選出最佳應徵者的可能性。藉由結合這兩方面的研究——教師效能和面試效能，學校主管將站在改進的立場，從可得的應徵者中甄選出最佳教師。

面試範本

在討論過教師素質指標的基礎和看過部分指標之後,現在是細看整個範本的時候了,這個範本可從原書所附的光碟(譯註:中譯本不提供光碟)獲得。如前述,教師素質指標範本包括了篩選面試和學校層級的面試。光碟則包含五種表格:標準 TQI 範本的兩個部分,再加上一些變化以彈性運用。所有這些表格都很容易下載,也很容易自行設定後,再列印出來使用。

64

 ## 壹、TQI 的篩選面試

篩選面試(見 p. 60 的表 5-1)有雙重功能。通常,學區會有幾位人力資源部門的人員使用這類面試,以利隨後在保密的篩選作業中仔細對應徵者的申請文件加以評分;面試也可以用於短期的、在工作博覽會進行的面試。(請記得,如果應用於後者的情況,應徵者仍然必須繳交申請文件。)教師素質指標的篩選面試包括了六道詢問應徵者的問題,以及要求面試者思考及撰寫的一則摘要事項。考慮到人力資源人員可能要篩選各年級、各學科領域的應徵者,面試的每一道問題都會盡量概括,以利他們能以對教育學、學科領域、學生發展的一般理解,來評量應試者的回答。在總結部分,面試者合計與六類高效能教師素質有關的單項分數,然後從面試者的專業判斷中指出,應試者是否應該進一步被鼓勵參加學校層級的面試。篩

65

選面試的設計為，整套程序大約費時十到十五分鐘。

原書光碟中的篩選面試有兩種格式。

標準格式的篩選面試（表格一）。此表格與表 5-1 所見的格式相同，其面試問題屬於一般性質，而且適用於大多數的教師應徵者。

面試者自選格式的篩選面試（表格二）。此表格針對各個項目提供經過測試與實證的替代問題，每個項目可選擇的所有問題都以相同的評分指標評分，這對於面對各種情況和接觸各類應徵者的面試者，都提供了彈性和適應性。

貳、TQI 的學校層級面試

　　TQI 的學校層級面試（p. 65 的表 5-2），被設計成比篩選面試更有深度。其面試問題鼓勵應徵者談論他們在教學實施方面的專門知能，以及與教導特定技能和目標有關的教學計畫與評量職責。這套範本包括了分配到六類教師素質指標的十三個項目，理想上，面試由一組面試委員來執行，其中至少有一位該學科或該年級教育的專家，而他熟悉將被補實的這個職位。因此，面試小組將會有一位熟知某一學科內容和能力的人，而這些內容和能力是學生在班級中成功學習所必備的。學校層級面試範本的設計為，整套程序大約費時三十五到四十五分鐘。

原書光碟中的學校層級面試有三種格式。

標準格式的學校層級面試（表格三）。此表格與表 5-2 所見的格式相同，為適用於所有應徵者的一般格式。面試問題的措辭刻意概括化，以利應徵者能以適合該職位所屬年級和學科領域的詳細實例，回答問題。

新進教師適用格式的學校層級面試（表格四）。此表格的設計，是為了方便面試小組對尋找第一份教職工作的應徵者進行面試。面試問題調整得更適合新手應徵者──班級教學經驗一年以下的教師。

面試者自選格式的學校層級面試（表格五）。此表格提供面試者詢問不同問題的選擇，適用於面試新進教師或經驗豐富的教師。使用此表格時必須記得的重要事情是，詢問應徵同樣職位的所有應徵者相同問題。面試

小組可以從一系列與各類教師素質連結的問題及其附帶的評分指標，在面試前選擇要詢問的問題，如同篩選面試所用的「面試者自選格式」表格，這份表格中一併使用的每道問題和評分指標，都經過測試及實證。

　　請注意，不論在各種表格中所問的問題是什麼，評分指標並無改變。事實上，應徵者各屬於其專業實務的不同層級。新進教師的應徵者，可能大多數項目的評分都落在「發展中」的範圍，只有少數項目會被評為「已熟練」，但這些應徵者是可能被錄取的教師，而且會成為學校的優良生力軍；另一方面，有經驗教師的得分若基本上落在「發展中」的範圍，則表示他（她）不是這個職位的有力應徵者。使用相同的評分指標，為面試小組評量針對某類教師素質所做的面試回答，提供了共同的依據。

67

表 5-1　標準格式的篩選面試

應徵者姓名：＿＿＿＿＿＿＿＿＿＿＿　　日　期：＿＿＿＿＿＿＿＿＿

應徵職位：＿＿＿＿＿＿＿＿＿＿＿＿　　時　間：＿＿＿＿＿＿＿＿＿

面試地點：☐機構辦公室　☐電話　☐工作博覽會　☐其他＿＿＿＿＿＿

做過資格篩選？　☐是　☐否

若已做過，在面試前填妥下列資料；若未做過，要求應徵者提供下列資料。

認證：＿＿＿＿＿＿＿＿＿＿＿＿　　教師年資總計：＿＿＿＿＿＿＿＿＿

教育程度：＿＿＿＿＿＿＿＿　主修：＿＿＿＿＿＿＿　副修：＿＿＿＿＿

畢業學位：＿＿＿＿＿＿＿＿＿＿＿＿＿＿＿＿＿＿＿＿＿＿＿＿＿＿＿

資格篩選項目將透過求職文件審查作業加以查證。

評分摘要　　　　　　　　　　　　　面試者：＿＿＿＿＿＿＿＿＿＿＿

將評分轉換為分數，並在各項教師素質項次號碼旁的空白方格寫下分數。不合要求＝0；發展中＝1；已熟練＝2；可為範例＝3。然後將分數相加以得到總分。總分最高為21。

素質面向	項次	分數	考慮新聘？☐是* 　　☐否
1. 有效教學的先備條件	7		
2. 教師的人格特質	1		
3. 班級經營與組織	3		
4. 教學計畫	2		
5. 教學實施	4		
	6		
6. 監控學生的進步與潛能發揮	5		
	總分		

說明：

　　此項面試包含七個項目及一份評分摘要，而每個項目的評分指標是用來評價應徵者的回答。

　　在應徵者回答之後，立即就其回答內容加以評分，評分方式為在該項目之下、最能正確描述應徵者回答內容優劣的方格中做標記。在面試結束時，把分數抄錄在上列的評分摘要表中，然後，根據你的專業判斷，決定應徵者的回答是否好到值得其考慮參加學校層級的面試。

*係指應試者可能被推薦參加學校層級的面試。

（續上表）

1. 教師的人格特質

問題：請說明，為什麼你選擇的專業是教學。

素質指標範例		註記	
1. 展現對學習或學科主題的熱忱。 2. 與學生互動。 3. 具有高層次的動機。			
□不合要求 0 分	□發展中 1 分	□已熟練 2 分	□可為範例 3 分
應徵者未能清楚表達或提出具體實例。	應徵者能清楚表達大概念，但回答的內容欠缺細節。	應徵者能清楚表達並舉例（具體和抽象）。	應徵者能應用舉例，有效說明其對教師專業的熱情與奉獻精神。

2. 教學計畫

問題：回想一個你最近教過的教學單元，說明你如何做這個單元教學計畫。

素質指標範例		註記	
1. 安排教學內容順序。 2. 將概念連結到先前的知識。 3. 選擇單元目標並使學習活動符合目標。			
□不合要求 0 分	□發展中 1 分	□已熟練 2 分	□可為範例 3 分
應徵者在學年期間未做可將教學時間擴充至最大的長期計畫。	應徵者有做長期計畫和短期計畫，但卻把它們的用途區分開來。	應徵者透過分配時間，將個別的事實資訊併入大概念，以處理所有的州訂學習目標和學區學習目標，進而強化教學的焦點。	應徵者透過使短期計畫與長期計畫一致，順利將事實資訊與大概念連結到先前與未來的教學，進而一貫地做到確定教學的優先順序。

69　（續上表）

3.班級經營與組織

問題：請說明，以前當你很難管教某位學生的行為時，你如何處理。

素質指標範例	註記
1.說明規則。 2.激勵行為並提供回饋。 3.使家長（或監護人）和其他學校人員參與訂出適當的解決方案。	

□不合要求 0 分	□發展中 1 分	□已熟練 2 分	□可為範例 3 分
應徵者並未向學生與家長表達明確的行為期望，他（她）基本上以處罰方法來回應。	應徵者基本上很被動，其表達的行為期望並不一致，而且焦點在於要求一致服從。	應徵者向學生與家長表達清楚的行為期望，並且適切強化這些期望。	應徵者向學生表達清楚的行為期望，並且以正面的、有建設性的方式幫助學生達到這些期望。

4.教學實施

問題：請說明，你如何適應學生在班級中的學習需要。

素質指標範例	註記
1.要學生負起個別的責任。 2.考慮學生的特殊需要。 3.適當時，提供不同難度的學習任務。	

□不合要求 0 分	□發展中 1 分	□已熟練 2 分	□可為範例 3 分
應徵者並未修改教學策略和評量。	應徵者依賴其他來源（如：特教教師、教科書的建議）來修正教學活動和評量。	應徵者依據學生教育方案所列（如：504、個別教育計畫）對某些學生（如：特教學生）進行因材施教。	應徵者針對特定學生、特定團體、特定情況（如：資優生、特教學生）進行因材施教。

（續上表）

70

5. 監控學生的進步與潛能發揮

問題：你如何讓班上學生知道，他們在學科學習和學習目標方面的表現有多好？

素質指標範例		註記	
1. 常常提供學生即時的回饋。 2. 提供正式評量與非正式評量的機會。 3. 使用多元的評量方式。			
□不合要求 0 分	□發展中 1 分	□已熟練 2 分	□可為範例 3 分
應徵者並不使用各種持續評量和總結評量，也不提供學生持續的回饋。	應徵者使用有限的持續評量和總結評量，提供學生的回饋也有限。	應徵者使用各種持續評量和總結評量來評量學生的表現，並就學生的表現提供回饋。	應徵者編製、選擇，以及有效使用各種持續評量和總結評量來決定學生成績，並且經常向學生解釋說明其學業進步情形。

6. 教學實施

問題：請說明，你在教學時如何提升學生對成績的高度期望。

素質指標範例		註記	
1. 要學生為自己設定高度期望。 2. 提供學生可以達到高期望的策略。 3. 強調學生的責任。			
□不合要求 0 分	□發展中 1 分	□已熟練 2 分	□可為範例 3 分
應徵者將學生學業成就的責任放在學生身上。	應徵者在承擔學生學習的基本責任時，也鼓勵學生參與學習。	應徵者促進學生的學習熱忱，並且鼓勵學生積極參與學習。	應徵者向學生表達高度關注和高度期望，並且提供學習策略實例，以滿足不同層次的學生需求。

（續上表）

7.有效教學的先備條件

這不是提問。請根據應徵者的面試，就應徵者的述說，以及其表達的學科內容知識、教育學知識、學生知識有多好，將你對這位應徵者的印象化成整體分數。

素質指標範例			註記
1.應用新穎正確的知識。 2.使用標準的英文文法。 3.對學生有充分認識。			
□不合要求 0 分	□發展中 1 分	□已熟練 2 分	□可為範例 3 分
應徵者犯了明顯錯誤，或者未能展現發揮教師功能所需的關鍵知識。	應徵者展現出頗多知識，但是需要專業上的發展。	應徵者在期望具備的學科內容知識、教育學知識、學生知識等方面，都有令人滿意的表現。	應徵者在學科內容知識、教育學知識、學生知識等方面，展現了深度的理解。

執行下列事項以結束面試：

1.詢問應徵者有沒有問題要問。

2.讓應徵者知道，可能什麼時候會再接到學區的通知。

3.謝謝應徵者花時間參加面試。

表 5-2　標準格式的學校層級面試　72

應徵者姓名：＿＿＿＿＿＿＿＿＿＿＿＿＿＿　日　期：＿＿＿＿＿＿＿＿＿＿

應徵職位：＿＿＿＿＿＿＿＿＿＿＿＿＿＿＿　時　間：＿＿＿＿＿＿＿＿＿＿

評分摘要　　　　　　　　　　　　　　　面試者：＿＿＿＿＿＿＿＿＿＿

將評分轉換為分數，並在各項教師素質項次號碼旁的空白欄位寫下分數。不合要求＝0；發展中＝1；已熟練＝2；可為範例＝3。然後將分數相加以得到總分。總分最高為 39。

素質面向	項次	分數	加分或減分（＋或－）
1.有效教學的先備條件	13		根據面試，列出應徵者關於這個職位的正面素質和負面素質。
2.教師的人格特質	1		
	8		
	11		
3.班級經營與組織	2		
	5		
4.教學計畫	3		
	6		
5.教學實施	4		
	9		
	10		
6.監控學生的進步與潛能發揮	7		
	12		
	總分		申請者的排名：＿＿＿之＿＿＿

說明：

　　這項面試包含十三個項目及一份評分摘要，而每個項目的評分指標是用來評價應徵者的回答。

　　在應徵者回答之後，立即就其回答內容加以評分，評分方式為在該項目之下、最能正確描述應徵者回答內容優劣的方格中做標記。在面試結束時，把分數抄錄在上列的評分摘要表中，然後，列出應徵者關於這個職位的正面素質和負面素質。

　　當面試結束後，根據所有可得的資訊（例如：履歷表、申請文件、面試），將應試者予以排名。面試總分和排名是為了討論應徵者的表現，而非最後甄選決定的指標。

73　（續上表）

1. 教師的人格特質

問題：請說明，為什麼你選擇的專業是教學。

素質指標範例			註記
1. 展現對學習或學科主題的熱忱。 2. 與學生互動。 3. 具有高層次的動機。			
□不合要求 0 分	□發展中 1 分	□已熟練 2 分	□可為範例 3 分
應徵者未能清楚表達或提出具體實例。	應徵者能清楚表達大概念，但回答的內容欠缺細節。	應徵者能清楚表達並舉例（具體和抽象）。	應徵者能應用舉例，有效說明其對教師專業的熱情與奉獻精神。

2. 班級經營與組織

問題：請說明，開學最初幾週期間，你會對學生做些什麼，以建立正面的班級環境。

素質指標範例			註記
1. 設定明確的規則與常規。 2. 慢慢認識學生。 3. 提供學生有效遵行班級行為準則的機會。			
□不合要求 0 分	□發展中 1 分	□已熟練 2 分	□可為範例 3 分
應徵者在開學最初幾週提出班規並開始教學，但並未舉例說明如何與學生建立和睦關係，或者如何加強這些班級行為準則。	應徵者向學生與家長說明班級運作常規，但是在初次說明之後，只提供學生少量機會來練習常規及有效遵行這些規則。	應徵者在開學最初幾週花費更多時間設定常規和強化規則，以利學生知道教師對他們的期望是什麼。適當時，這些行為期望會向學生家長說明。	應徵者藉由提供學生負責任和表現共有感的機會，來建立班級社群。

（續上表）

74

3.教學計畫

問題：請說明，你做長期教學計畫和短期教學計畫的過程。

素質指標範例		註記	
1.安排教學內容順序。 2.將概念連結到先前的知識。 3.選擇單元目標並使學習活動符合目標。			
□不合要求 0 分	□發展中 1 分	□已熟練 2 分	□可為範例 3 分
應徵者在學年期間未做可將教學時間擴充至最大的長期計畫。	應徵者有做長期計畫和短期計畫，但卻把它們的用途區分開來。	應徵者透過分配時間，將個別的事實資訊併入大概念，以處理所有的州訂學習目標和學區學習目標，進而強化教學的焦點。	應徵者透過使短期計畫與長期計畫一致，順利將事實資訊與大概念連結到先前與未來的教學，進而一貫地做到確定教學的優先順序。

4.教學實施

問題：請說明，你如何使學生參與學習。

素質指標範例		註記	
1.引發學生的意見與提問。 2.應用各種實際操作或實際動腦的活動。 3.選擇單元目標並使學習活動符合目標。			
□不合要求 0 分	□發展中 1 分	□已熟練 2 分	□可為範例 3 分
應徵者不變化教學活動，或者很少變化教學活動來滿足學生的需求或增進學習的參與。	應徵者的教學活動僅做少量的變化，以滿足學生變動的需求與興趣，以及增進學習的參與。	應徵者修正教學活動以因應學生變動的需求，以及增進他們的積極參與。	應徵者有系統地為不同學生設計學習活動，並且達到高程度的積極參與學習。

75　（續上表）

5.班級經營與組織

問題：請說明某個牽涉到某位學生行為令人挫折的情況，以及當你就學生的行
　　　為聯繫學生家長或監護人時，你如何解決學生的問題行為？

素質指標範例			註記
1.說明班規或校規。 2.展現對學生與家長的尊重。 3.監控學生的行為並提供回饋。 4.使家長（或監護人）和其他學校人員參與訂出適當的解決方案。			
□不合要求 0 分	□發展中 1 分	□已熟練 2 分	□可為範例 3 分
應徵者並未向學生與家長清楚說明對學生行為的期望，其回應基本上在說明處罰的方法；和家長或監護人的聯繫只是照章行事或完成學生行為後果的處理。	應徵者基本上很被動，其表達的行為期望並不一致，而且焦點在於要求一致服從。應徵者會為了關切的事或改進學生行為的需要，尋求家長的支持。	應徵者向學生與家長（或監護人）表達清楚行為期望。應徵者會很小心地詢問是否有需要他知道的事，以利改善情況，也會告知家長他（她）的行動計畫。	應徵者向學生表達清楚的行為期望，並且以正面的、有建設性的方式幫助學生達到這些期望。應徵者藉由使適當人士參與支持學生做出更多正面的行為決定，以尋求創造雙贏的情況。

（續上表）

6.教學計畫

問題：回想一個你曾教過的教學單元。請說明，你為何選擇特定的教學策略來
　　　教這一課？

素質指標範例		註記	
1.使用許多的教學策略。 2.確認可供使用的教學資源。 3.選擇問題解決、實際操作，以及互動的策略與資源。			
□不合要求 0 分	□發展中 1 分	□已熟練 2 分	□可為範例 3 分
應徵者並未變化其狹隘的一套教學策略。	應徵者在有限的目的下使用有限的幾項教學策略，來吸引學生的需要或興趣。	應徵者使用各種教學策略，這些策略能吸引不同學生的興趣。	應徵者很有對策地廣泛使用教學策略，以增進學生的概念理解。

7.監控學生的進步與潛能發揮

問題：請說明，你的評量方式如何適應學生的學習需要。

素質指標範例		註記	
1.要學生負起個別的責任。 2.考慮學生的特殊需要。 3.提供不同難度的學習評量。			
□不合要求 0 分	□發展中 1 分	□已熟練 2 分	□可為範例 3 分
應徵者並未修改教學策略和評量。	應徵者依賴其他來源（如：特教教師、教科書的建議）來修正教學活動和評量。	應徵者依據學生教育方案所列（如：504、個別教育計畫）對某些學生（如：特教學生）進行因材施教。	應徵者針對特定學生、特定團體、特定情況（如：資優生、特教學生）進行因材施教。

76

（續上表）

8.教師的人格特質

問題：請舉一個例子說明，你如何建立及維持與學生的和睦關係。

素質指標範例		註記	
1.了解學生的興趣。 2.運用幽默感。 3.與學生在較非正式的場合互動（如：餐廳、樂團音樂會之類的學校集會）。			
□不合要求0分	□發展中1分	□已熟練2分	□可為範例3分
應徵者的舉例顯示出對師生互動的漠不關心或態度冷淡。	應徵者強調建立有清楚界限的師生和睦關係。	應徵者關心學生，並且提供了校內的實例（如：班級、餐廳、球類比賽），來證明他（她）有興趣了解學生個人。	應徵者提供在校內（如：班級、樂團音樂會）和在校外（如：社區集會）與學生互動的明確實例，而這些互動都是出於真誠關心。

（續上表）

9.教學實施

問題：在教學過程中，你如何運用科技？

素質指標範例	註記
1.運用科技設計能增進學生熟練度的學習任務。 2.將科技視為不限於電腦的廣義術語。 3.將科技整合至有意義的課堂教學之中。	

□不合要求 0 分	□發展中 1 分	□已熟練 2 分	□可為範例 3 分
應徵者顯示出使用科技方面的知識不足或能力欠佳。	應徵者在科技和學生實際學習方面的整合程度有限。	應徵者在適當時會將科技應用到教學目標，以增進學生在科技或科技應用方面的熟練度。	應徵者提供實例，說明科技如何融入課堂教學，以增進學生對學科內容知識的了解，以及鼓勵他們做出如何適當應用科技的決定。

（續上表）

10.教學實施

問題：從你的學科領域選一個學生通常覺得困難的主題。請說明，這個主題是
什麼，以及你如何向學生解說，然後就你用來幫助學生擴充理解的某項
活動，說明該項活動的指導要點。

素質指標範例	註記		
1.以一步步的指引，提供清楚的實例。 2.應用多元的學習形式。 3.選擇適合學科內容領域的實例。			
□不合要求 0 分	□發展中 1 分	□已熟練 2 分	□可為範例 3 分
應徵者提出令人困惑的實例或指導要點。	應徵者提出不適當的回答；但是這個回答仍然證明了一些知識。	應徵者提出明確的實例，該實例對需要更多支持的學生提供了引導的策略和有目標的教學。	應徵者清楚詳述該主題的問題所在，並且提供了明確的實例，接著說明他（她）計劃如何滿足學生的個別需要——這些學生需要更多的協助。

（續上表）　　　　　　　　　　　　　　　　　　　　　　78

11.教師的人格特質

問題：回想你未達成教學期望的某一課——儘管你已做好計畫和準備。請說明，再次做教學計畫，以及教導學生這一課時，你會考慮哪些事情、你會如何改變教學方法。

素質指標範例			註記
1.確認優點和缺點。 2.把努力的目標放在改變或修正。 3.證明自己具有高度的效能感。			
□不合要求 0 分	□發展中 1 分	□已熟練 2 分	□可為範例 3 分
應徵者聚焦在班級經營相關的問題，而不考慮教學相關的問題。	應徵者以有限的反省度，來探討教學問題和課程問題。	應徵者從正式和非正式兩個方面反省自己的工作，以改進教學和學生的學習。	應徵者一貫地反省自己的工作，從適當的來源尋求外在的建議，並且努力找出改善學生學習經驗的方法。

12.監控學生的進步與潛能發揮

問題：請說明，當大多數學生在正式評量方面的成績表現很差時，你會怎麼辦。

素質指標範例			註記
1.認定教師應該為學生的學習負責。 2.認定教學和評量是造成學生失敗的可能根源。 3.找出改善的方法。			
□不合要求 0 分	□發展中 1 分	□已熟練 2 分	□可為範例 3 分
應徵者把學生學業成績的責任放在學生身上，而只負起一點點或完全不負個人責任。	應徵者承認有問題存在，但是並未重新教學或重新評量。	應徵者表明自己是教與學不可或缺的部分，並且找出一些策略來處理學生成績低落的問題。	應徵者清楚確定造成學生低成就表現的可能根源，並且適當實施改善的方法。

79 （續上表）

13.有效教學的先備條件

這不是提問。請根據應徵者的面試，就應徵者對問題內容的知識，提供整體分數。

素質指標範例		註記	
1.使用目前的正確知識。 2.整合適當的技能。 3.使用適當的教學策略。			
□不合要求 0 分	□發展中 1 分	□已熟練 2 分	□可為範例 3 分
應徵者犯了明顯錯誤，或者未能展現發揮教師功能所需的關鍵知識。	應徵者展現出頗多知識，但是需要專業上的發展。	應徵者在學科內容知識、教育學知識、學生知識等方面，都有令人滿意的表現。	應徵者在學科內容知識、教育學知識、學生知識等方面，展現了深度的理解。

執行下列事項以結束面試：

1.詢問應徵者有沒有問題要問。

2.讓應徵者知道，可能什麼時候會再接到學區的通知。

3.謝謝應徵者花時間參加面試。

面試應答的評分

請想像你正在進行面試，而且剛剛問了應徵者第一道 TQI 面試問題：「請說明，為什麼你選擇的專業是教學？」現在接著想像，應徵者說出諸如此類的回答：「噢，我一直想當教師，我就是喜愛小朋友。」現在你的任務是評價這個回答，你的評價會是「不合要求」、「發展中」、「已熟練」，或者「可為範例」？

讓我們使用表 6-1 來考慮應徵者的回答，表中呈現的完整項目和面試表格的項目一樣。請注意素質指標範例：在研究文獻所發現的項目，已經連結到所詢問的特定高效能教師指標。上述虛構的應徵者回答並未符合任何一則指標範例。由於素質指標範例僅不過是，在很清晰的回答內容中可能聽到的事項，就其本身及其作用而言，回答不符合範例指標並無不利影響，它們就只是範例而已。

假設，你的初步想法認為應徵者的回答「不合要求」，但是在正面的特徵上，應徵者說話時臉上綻放光采，其所述內容雖然薄弱但回答的聲音有力。那麼，你可以在指標右方的空白處註記這項觀察。

使用共同的評分指標之優點是，面試者對其所做的評分會有持平的根據。再看一次表 6-1 的四級式行為樣本（behaviorally-anchored）評分指標，現在繼續評分，然後針對這位虛構的應徵者對問題的應答品質，做出最後決定。

表 6-1　TQI 面試問題範例

● 教師的人格特質

問題：請說明，為什麼你選擇的專業是教學？

素質指標範例	註記		
1.展現對學習或學科主題的熱忱。 2.與學生互動。 3.具有高層次的動機。			
□不合要求 0 分	□發展中 1 分	□已熟練 2 分	□可為範例 3 分
應徵者未能清楚表達或提出具體實例。	應徵者能清楚表達大概念，但回答的內容欠缺細節。	應徵者能清楚表達並舉例（具體和抽象）。	應徵者能應用舉例，有效說明其對教師專業的熱情與奉獻精神。

　　當應徵者清楚說出喜愛學生和熱愛教學時，我們可能會認為，應徵者的回答可以考慮評為「發展中」，但是評分指標指出，欠缺具體實例和闡述是「不合要求」的回答。應徵者並未清楚說明或提供具體的實例，因此，你最初的直覺沒錯，研究為本的評分指標也確認了你的直覺。到目前為止，一切都進行得很好。

 壹、練習活動

82

　　如你所知，在真實的面試中，閱讀指標和評分的時間很少，因為問與答的交錯有其節奏。熟悉與每道問題連結的評分指標，有助於面試者在問下一道問題之前，對本題的回答做最初的評量。使自己熟悉 TQI 範本的方法是，練習讓你的觀感和範本中研究為本的評分指標一致。

　　表 6-2（p.78）提供了與上述舉例相似的練習活動，它包括了一行的摘要，這行摘要的設計，在掌握應徵者可能如何回應某個問題的心態和內容。對每一道問題，評分的方式有三種不同做法。首先，你可能不習慣就一行簡短陳述來評分，但是試著做看看。一行的摘要是經過全美國學校主管實

際測試過的，而他們採用的是較長版本的面試。學校主管的測試結果支持
研究本位的目標評級（target rating），這些評級請見面試練習單之後的答
案。

　　使用 TQI 範本的優點是，它能增進評分者間信度──在評價應徵者的
回答時，面試者的評分一致性有多高。如前所述，在面試時，許多因素會
影響面試者的評分，例如，應徵者可能這一題的回答很完善，但下一題的
回答則很差，碰到這種情況，面試者可能傾向姑且相信應徵者，而不理會
很差的回答。當評分指標和每一道題目連結時，面試者可就教師效能特定
面向的應徵者回答，逐項評分和註記其答題傾向。

　　練習活動對 TQI 範本提供了良好的簡介機會。面談小組的成員可以獨
立完成練習活動，然後一起參加討論以增進評分者間信度──不同的面試
者以相同方式回應同一應徵者的程度。大多數參與集體任用決策的學校主
管曾經遇過的情況是，有人往往盲目樂觀而給所有應徵者高分，有人則一
貫給所有應徵者低分。採用評分指標則使所有面試小組成員使用相同標準，
來評量面試回答。

　　請注意，這項練習活動也可以被用來作為面試小組的角色扮演活動，
面試小組成員可輪流扮演過分樂觀的應徵者、壞脾氣又愛發牢騷的應試者，
或者過度控制學生的教師。

表 6-2　適用於面試小組或個人的練習活動

說明：這項活動的設計，在促進教師應徵者的回答和學校主管對其強度判斷之
　　　間的連結，在每一則黑體字的問句之下有三點陳述，這些陳述係摘要不
　　　同的教師應徵者對該問題的可能回答。請思考每一則陳述可能代表哪個
　　　層次的熟練度，然後在各則陳述右方、符合熟練度層次的方格內打勾。
　　　請注意，每道問題的陳述不一定代表全部的熟練層次。

你可以考慮的熟練度層次有四級：

U──不合要求。應徵者欠缺高效能教師所需要的能力。
D──發展中。應徵者具備成為一位好教師的素質，但還不是真正的好教師。
P──已熟練。應徵者大體上是優秀的、可靠的教師。
E──可為範例。應徵者可能是一位高效能教師。

第 1 至 3 則問題，旨在蒐集應徵者關於「教師的人格特質」素質方面的資訊。

1. 請說明，為什麼你選擇的專業是教學？
　(1)表達出不切實際、沒有根據的教學觀。
　(2)表達出幫助學生樂在學習的熱情。
　(3)表達出大概念，但欠缺細節說明。

	U	D	P	E
(1)	☐	☐	☐	☐
(2)	☐	☐	☐	☐
(3)	☐	☐	☐	☐

不合要求	發展中	已熟練	可為範例
應徵者未能清楚表達或提出具體實例。	應徵者能清楚表達了大概念，但回答的內容欠缺細節。	應徵者能清楚表達並舉例（具體和抽象）。	應徵者能應用舉例，有效說明其對教師專業的熱情與奉獻精神。

（續上表）

2. 請舉一個例子說明，你如何建立及維持與學生的和睦關
　　係。　　　　　　　　　　　　　　　　　　　　　　　U D P E

　　⑴很難與這類孩子建立關係，其特質不同於教師或所教過
　　　的學生。　　　　　　　　　　　　　　　　　　　　　□ □ □ □

　　⑵聚焦在教師控制學生的角色上。　　　　　　　　　　　□ □ □ □

　　⑶以學生的集體利益與學生互動，然後認識學生。　　　　□ □ □ □

不合要求	發展中	已熟練	可為範例
應徵者的舉例顯示出對師生互動的漠不關心或態度冷淡。	應徵者強調建立有清楚界限的師生和睦關係。	應徵者關心學生，並且提供了校內的實例（如：班級、餐廳、球類比賽），來證明他（她）有興趣了解學生個人。	應徵者提供在校內（如：班級、樂團音樂會）和在校外（如：社區集會）與學生互動的明確實例，而這些互動都是出於真誠關心。

3. 回想你未達成教學期望的某一課──儘管你已做好計畫和
　　準備。請說明，再次做教學計畫以及教導學生這一課時，
　　你會考慮哪些事情、你會如何改變教學方法。　　　　　U D P E

　　⑴聚焦在與教師無關的問題上。　　　　　　　　　　　　□ □ □ □

　　⑵以有限的反省證據，來探討這項問題。　　　　　　　　□ □ □ □

　　⑶顯示運用反省改善教學的證據。　　　　　　　　　　　□ □ □ □

不合要求	發展中	已熟練	可為範例
應徵者聚焦在班級經營相關的問題，而不考慮教學相關的問題。	應徵者以有限的反省度，來探討教學問題和課程問題。	應徵者從正式和非正式兩個方面反省自己的工作，以改進教學和學生的學習。	應徵者一貫地反省自己的工作，從適當的來源尋求外在的建議，並且努力找出改善學生學習經驗的方法。

84

（續上表）

第 4 至 5 則問題，旨在蒐集應徵者關於「班級經營與組織」素質方面的資訊。

4.請說明，開學最初幾週期間，你會對學生做些什麼，以建
　立正面的班級環境。　　　　　　　　　　　　　U　D　P　E

　⑴透過學生對班級的共有感，建立班級社群。　　☐　☐　☐　☐

　⑵在學年開始時花時間加強常規，以使學生能獨立學習。☐　☐　☐　☐

　⑶對不專心的學生有所回應，然後再次引導其學習。☐　☐　☐　☐

不合要求	發展中	已熟練	可為範例
應徵者在開學最初幾週提出班規並開始教學，但並未舉例說明如何與學生建立和睦關係，或者如何加強這些班級行為準則。	應徵者向學生與家長說明班級運作常規，但是在初次說明之後，只提供學生少量機會來練習常規及有效遵行這些規則。	應徵者在開學最初幾週花費更多時間設定常規和強化規則，以利學生知道教師對他們的期望是什麼。適當時，這些行為期望會向學生家長說明。	應徵者藉由提供學生負責任和表現共有感的機會，來建立班級社群。

85　5.請說明，以前當你很難管教某位學生的行為時，你如何處
　　理。　　　　　　　　　　　　　　　　　　U　D　P　E

　⑴使用處罰的方法管教學生。　　　　　　　　☐　☐　☐　☐

　⑵聚焦在採用嚴格管教方法的需求上。　　　　☐　☐　☐　☐

　⑶強化對學生的行為期望。　　　　　　　　　☐　☐　☐　☐

不合要求	發展中	已熟練	可為範例
應徵者並未向學生與家長表達明確的行為期望，他（她）基本上以處罰方法來回應。	應徵者基本上很被動，其表達的行為期望並不一致，而且焦點在於要求一致服從。	應徵者向學生與家長表達清楚的行為期望，並且適切強化這些期望。	應徵者向學生表達清楚的行為期望，並且以正面的、有建設性的方式幫助學生達到這些期望。

（續上表）

第 6 至 7 則問題，旨在蒐集應徵者關於「教學計畫」素質方面的資訊。

6. 請說明，你做長期教學計畫和短期教學計畫的過程。　　U　D　P　E

　(1)將長期計畫和短期計畫視為功能各自獨立的計畫。　□　□　□　□

　(2)同時使用長期計畫和短期計畫，但是很倚重短期計畫。　□　□　□　□

　(3)認為學年之中有太多干擾因素，因此長期計畫沒有用。　□　□　□　□

不合要求	發展中	已熟練	可為範例
應徵者在學年期間未做可將教學時間擴充至最大的長期計畫。	應徵者有做長期計畫和短期計畫，但卻把它們的用途區分開來。	應徵者透過分配時間，將個別的事實資訊併入大概念，以處理所有的州訂學習目標和學區學習目標，進而強化教學的焦點。	應徵者透過使短期計畫與長期計畫一致，順利將事實資訊與大概念連結到先前與未來的教學，進而一貫地做到確定教學的優先順序。

7. 回想一個你曾教過的教學單元。請說明，你為何選擇特定的教學策略來教這一課。　　U　D　P　E

　(1)有對策地使用各種教學策略，使學生的學習達到最完善。　□　□　□　□

　(2)偏好使用自己熟悉的教學策略。　□　□　□　□

　(3)選擇能吸引學生學習風格的教學策略。　□　□　□　□

不合要求	發展中	已熟練	可為範例
應徵者並未變化其狹隘的一套教學策略。	應徵者在有限的目的下使用有限的幾項教學策略，來吸引學生的需要或興趣。	應徵者使用各種教學策略，這些策略能吸引不同學生的興趣。	應徵者很有對策地廣泛使用教學策略，以增進學生的概念理解。

86

（續上表）

第 8 至 11 則問題，旨在蒐集應徵者關於「教學實施」素質方面的資訊。

8.請說明，你如何使學生參與學習。　　　　　　　　　　U　D　P　E

　　(1)有系統地設計因材施教的學習活動。　　　　　　□　□　□　□

　　(2)採用「一體適用」的教學方法。　　　　　　　　□　□　□　□

　　(3)提供一些學習活動，其設計在充分利用學生的興趣。□　□　□　□

不合要求	發展中	已熟練	可為範例
應徵者不變化教學活動，或者很少變化教學活動來滿足學生的需求或增進學習的參與。	應徵者的教學活動僅做少量的變化，以滿足學生變動的需求和興趣，以及增進學習的參與。	應徵者修正教學活動以因應學生變動的需求，以及增進他們的積極參與。	應徵者有系統地為不同學生設計學習活動，並且達到高程度的積極參與學習。

9.請說明，你在教學時如何提升學生對成績的高度期望。　U　D　P　E

　　(1)舉例說明，在特定的指定作業方面，滿足不同層次的期
　　　望會是什麼情況。　　　　　　　　　　　　　　　□　□　□　□

　　(2)鼓勵學生參與學習。　　　　　　　　　　　　　□　□　□　□

　　(3)間接表明：學生要為自己的成績負責，教師只有輕微的
　　　影響。　　　　　　　　　　　　　　　　　　　　□　□　□　□

不合要求	發展中	已熟練	可為範例
應徵者將學生學業成就的責任放在學生身上。	應徵者在承擔學生學習的基本責任時，也鼓勵學生參與學習。	應徵者促進學生的學習熱忱，並且鼓勵學生積極參與學習。	應徵者向學生表達高度關注和高度期望，並且提供學習策略實例，以滿足不同層次的學生需求。

（續上表）

10.在教學過程中，你如何運用科技？　　　　　　　　U　D　P　E　　　87

(1)對使用科技覺得不自在。　　　　　　　　　　　□　□　□　□

(2)適當時，將可得的科技用於教學目標。　　　　　□　□　□　□

(3)以實例說明，科技及相關資源如何融入有意義的課堂教

學。　　　　　　　　　　　　　　　　　　　　□　□　□　□

不合要求	發展中	已熟練	可為範例
應徵者顯示出使用科技方面的知識不足或能力欠佳。	應徵者在科技和學生實際學習方面的整合程度有限。	應徵者在適當時會將科技應用到教學目標，以增進學生在科技或科技應用方面的熟練度。	應徵者提出實例，說明科技如何融入課堂教學，以增進學生對學科內容知識的了解，以及鼓勵他們做出如何適當應用科技的決定。

11.從你的學科領域選一個學生通常覺得困難的主題。請說
明，這個主題是什麼，以及你如何向學生解說，然後就你
用來幫助學生擴充理解的某項活動，說明該項活動的指導
要點。　　　　　　　　　　　　　　　　　　　　U　D　P　E

(1)提供相當多教學用的實例和引導的練習。　　　　□　□　□　□

(2)在所選擇的範例中，提出令人困惑的實例和指引。□　□　□　□

(3)採用清楚的實例和按部就班的指引。　　　　　　□　□　□　□

不合要求	發展中	已熟練	可為範例
應徵者提出令人困惑的實例或指導要點。	應徵者提出不適當的回答；但是這個回答仍然證明了一些知識。	應徵者提出明確的實例，該實例對需要更多支持的學生提供了引導的策略和有目標的教學。	應徵者清楚詳述該主題的問題所在，並且提供了明確的實例，接著說明他（她）計劃如何滿足學生的個別需要——這些學生需要更多的協助。

（續上表）

88　第 12 至 13 則問題，旨在蒐集應徵者關於「監控學生素質與潛能發揮」素質方面的資訊。

12.請說明，你如何向學生與家長說明評分辦法？　　　　　U　D　P　E

(1)對學生的成績表現提供適當回饋。　　　　　　　　□　□　□　□

(2)偏好只以最終的學習任務做為評分根據（如：測驗）。　□　□　□　□

(3)在學校的評分期間之外，透過定期發給學生成績表，向
　　學生解說其進步情形。　　　　　　　　　　　　　□　□　□　□

不合要求	發展中	已熟練	可為範例
應徵者並不使用各種持續評量和總結評量，也不提供學生持續的回饋。	應徵者使用有限的持續評量和總結評量，提供學生的回饋也有限。	應徵者使用各種持續評量和總結評量來評量學生的表現，並就學生的表現提供回饋。	應徵者編製、選擇，以及有效使用各種持續評量和總結評量來決定學生成績，並且經常向學生解釋說明其學業進步情形。

13.請說明，你的評量方式如何適應學生的學習需要？　　　U　D　P　E

(1)使用特教教師所準備的修改版評量。　　　　　　　□　□　□　□

(2)適當時，將學生按照各種能力層次因材施教。　　　□　□　□　□

(3)只有在執行個別教育計畫或 504 計畫時，才調整教學。□　□　□　□

不合要求	發展中	已熟練	可為範例
應徵者並未修改教學策略和評量。	應徵者依賴其他來源（如：特教教師、教科書的建議）來修正教學活動和評量。	應徵者依據學生教育方案所列（如：504、個別教育計畫）對某些學生（如：特教學生）進行因材施教。	應徵者針對特定學生、特定團體、特定情況（如：資優生、特教學生）進行因材施教。

貳、答案

依據表 6-3 查核你的記分，然後分析結果。對每一個回答，其評分不 89
超出研究本位答案的一個級距（one rating level），被認為是可接受的
（Stronge et al, 2002）。但是，由於應徵者的真實回答可能看似跨兩個級
距，聆聽完整的回答，會比只看一行的摘要更可能使評分落在一個級距上。
實際上，你的專業判斷在這種情況下會發揮很大作用。雖然總是有個人的
詮釋空間；但是藉由使用共同的評分指標，評級應該更標準化（如：評分
者間信度會更強）。練習活動的目的在增進你對評分指標的應用，以利評
價應徵者的回答時係根據適合的高效能教師研究。

表 6-3　練習活動的研究本位*答案

1. 請說明，為什麼你選擇的專業是教學？
  (1)表達出不切實際、沒有根據的教學觀。　　　　　　　　　發展中
  (2)表達出幫助學生樂在學習的熱情。　　　　　　　　　　可為範例
  (3)表達出大概念，但欠缺細節說明。　　　　　　　　　　發展中

2. 請舉一個例子說明，你如何建立及維持與學生的和睦關係？
  (1)很難與這類孩子建立關係，其特質不同於教師或所教過的學
  生。　　　　　　　　　　　　　　　　　　　　　　　不合要求
  (2)聚焦在教師控制學生的角色上。　　　　　　　　　　　不合要求
  (3)以學生的集體利益與學生互動，然後認識學生。　　　　已熟練

3. 回想你未達成教學期望的某一課——儘管你已做好計畫和準備。
  請說明，再次做教學計畫及教導學生這一課時，你會考慮哪些
  事情、你會如何改變教學方法。
  (1)聚焦在與教師無關的問題上。　　　　　　　　　　　　不合要求
  (2)以有限的反省證據，來探討這項問題。　　　　　　　　發展中
  (3)顯示運用反省改善教學的證據。　　　　　　　　　　　已熟練

* 所根據的研究包括針對各陳述項的高效能教師素質研究，以及針對各題評級
的全國研究（Hindman, 2004）之結果。

90　（續上表）

4.請說明，開學最初幾週期間，你會對學生做些什麼，以建立正
面的班級環境。

　(1)透過學生對班級的共有感，建立班級社群。　　　　　　可為範例

　(2)在學年開始時花時間加強常規，以使學生能獨立學習。　已熟練

　(3)對不專心的學生有所回應，然後再次引導其學習。　　　已熟練

5.請說明，以前當你很難管教某位學生的行為時，你如何處理？

　(1)使用處罰的方法管教學生。　　　　　　　　　　　　　不合要求

　(2)聚焦在採用嚴格管教方法的需求上。　　　　　　　　　發展中

　(3)強化對學生的行為期望。　　　　　　　　　　　　　　已熟練

6.請說明，你做長期教學計畫和短期教學計畫的過程。

　(1)將長期計畫和短期計畫視為功能各自獨立的計畫。　　　發展中

　(2)同時使用長期計畫和短期計畫，但是很倚重短期計畫。　已熟練

　(3)認為學年之中有太多干擾因素，因此長期計畫沒有用。　不合要求

7.回想一個你曾教過的教學單元。請說明，你為何選擇特定的教
學策略來教這一課。

　(1)有對策地使用各種教學策略，使學生的學習達到最完善。可為範例

　(2)偏好使用自己熟悉的教學策略。　　　　　　　　　　　發展中

　(3)選擇能吸引學生學習風格的教學策略。　　　　　　　　已熟練

8.請說明，你如何使學生參與學習。

　(1)有系統地設計因材施教的學習活動。　　　　　　　　　可為範例

　(2)採用「一體適用」的教學方法。　　　　　　　　　　　不合要求

　(3)提供一些學習活動，其設計在充分利用學生的興趣。　　發展中

9.請說明，你在教學時如何提升學生對成績的高度期望。

　(1)舉例說明，在特定的指定作業方面，滿足不同層次的期望會

　　是什麼情況。　　　　　　　　　　　　　　　　　　　可為範例

　(2)鼓勵學生參與學習。　　　　　　　　　　　　　　　　發展中

　(3)間接表明：學生要為自己的成績負責，教師只有輕微的影響。不合要求

（續上表）

10.在教學過程中，你如何運用科技？
 (1)對使用科技覺得不自在。　　　　　　　　　　　不合要求
 (2)適當時，將可得的科技用於教學目標。　　　　　已熟練
 (3)以實例說明，科技及其他相關資源如何融入有意義的課堂教
 　學。　　　　　　　　　　　　　　　　　　　　可為範例

11.從你的學科領域選一個學生通常覺得困難的主題。請說明，這 *91*
 個主題是什麼，以及你如何向學生解說，然後就你用來幫助學
 生擴充理解的某項活動，說明該項活動的指導要點。
 (1)提供相當多教學用的實例和引導的練習。　　　　可為範例
 (2)在所選擇的範例中，提出令人困惑的實例和指引。不合要求
 (3)採用清楚的實例和按部就班的指引。　　　　　　已熟練

12.請說明，你如何向學生與家長說明評分辦法？
 (1)對學生的成績表現提供適當回饋。　　　　　　　已熟練
 (2)偏好只以最終的學習任務做為評分根據（如：測驗）。不合要求
 (3)在學校的評分期間之外，透過定期發給學生的成績表，向學
 　生解說其進步情形。　　　　　　　　　　　　　可為範例

13.請說明，你的評量方式如何適應學生的學習需要？
 (1)使用特教教師所準備的修改版評量。　　　　　　發展中
 (2)適當時，將學生按照各種能力層次因材施教。　　可為範例
 (3)只有在執行個別教育計畫或504計畫時才調整教學。不合要求

 參、可能有的疑問

　　練習活動的目的就是練習。第一次使用 TQI 範本時，你可能已經有一
些問題，以下是常見問題的答案。

1. 我如何就一行的摘要來評級？

　　有時，少即是多。只得到少數字詞的資訊，能讓你聚焦在所傳達的概念上，而不會使你在對摘要句評級時受到使用的字詞、動人的語言，以及文法的附加互動效果影響。你會發現下列是有用的事：回想一位應徵者的回答，對其回答，你會以相同的摘要方式表達其特點，然後依據評分指標找出適合的評級。

2. 我無法做到目標評級，該怎麼辦？

　　評分指標是增加評分者間信度的工具。在分析自己的評級時，你可能已注意到，你的評級有的過高、有的過低。你可能曾經略讀過評分指標，然後根據自己的專業經驗對各則摘要句做評級。事實上，有些學校和學校系統會吸引比較有能力的應徵者，因此，就國內大多數地區而言，所謂「已熟練」的回答在你心中其實是「發展中」的能力水準。而相反的情況也可能成立。使用 TQI 面試時，不應該為了所甄選的教師而改變你的高度期望；應該把評級應徵者的過程標準化，以利無論由誰面試應徵者，都可以使用相同的標準來評量教師。請回頭看一看目標答案，再讀一讀與其連結的評分指標敘述，然後省思這一行摘要適合哪一項敘述。

3. 我發現自己似乎在兩個評級之間反覆考慮，該怎麼辦？

　　TQI 範本是聘用過程的一部分，該過程可能從應徵者繳交申請資料開始。評分指標提供你以相同標準評鑑所有面試回答的方法，如果你在兩個評級之間舉棋不定，將直覺的評級寫上問號，然後，在應徵者離開之後（或者在完成練習活動之後），回到有問號的部分，思考如何使該評級適合評分指標。你會發現下列方法有幫助：強調評分指標中的關鍵字詞，而這些字詞出現在應徵者的回答之中。具有愈多關鍵字詞的評級，是愈適當的評級。

4.每個問題的評分指標都不同，對真實的應徵者使用這個範本，會有多實際？

　　愈熟悉這個範本及其評分指標，你在給應徵者評分時會覺得愈自在。愈使用這個範本，你就愈容易根據評分指標將應徵者的回答加以分級。真正的面試表格有寫註記的空白處，因此你可以寫上最初的評級，然後在應徵者離開之後回顧你的評級，如有需要，就根據你的註記和對於面試回答的回憶，調整評級。

5.考慮到評分指標的標準，區辨出可為範例之應徵者的可能性有多高？　93

　　你更可能發現，大部分的應徵者會落入「發展中」或「已熟練」的層級，但也會有令你迫不及待想聘用的應徵者。「可為範例」的評級是很嚴格的，因這樣的評級納入了能力在熟練以上的各種回答，甚至是更優異的回答。事實上，我們要的是能為學生找到最好的教師，期望應徵者在所有問題都被評為「可為範例」是不切實際的。你可能會留意到，自己常將應徵者的回答評為「已熟練」，但是也給了幾個「可為範例」的評級。你可以先找出應徵者如何回答問題的傾向，然後再合理推斷他（她）可能是非常高效能的教師。

教師素質指標的研究資訊

教師素質指標係以關於高效能教師素質和甄選面試的現存研究為基礎。TQI 範本使用的固定評分表，已通過全美問卷調查的驗證，這套寄給三百位在職校長的問卷，蒐集了學校層級主管的面試實務資訊，以及校長們對於不同層次教師效能的陳述句之觀感，然後筆者摘要學校主管之間對各則陳述所做評級的一致性，以及學校主管的評級和研究本位的目標評級之一致性。本研究採用的相關分析和卡方檢定，發現學校主管的人口統計變項對於其所做評級僅有少量影響，而被評級的陳述和教師的面試回答則相連結。附錄 A 聚焦在範本式評分指標的發展。完整研究的結果報告，請見 Hindman（2004）的論文。

 ## 壹、樣本選擇

本研究的樣本選擇，採用全美中、小學校長的分層隨機抽樣（N=300），該樣本代表美國公立中、小學校長的母群（見表A-1）。卡方檢定被用來比較母群、樣本，以及有效問卷；而並未發現統計上的差異。x^2_{obs}=3.28，小於x^2_{crit}=9.49；因此各年級與各群體之間並沒有統計上的顯著交互作用。α等於.05 時，就都市學校所做的卡方檢定達到統計上的顯著：x^2（4，N=86,713）=18.66，ρ<.05，顯示在這項調查中，鄉鎮學校的填答者

表 A-1　母群、研究樣本、有效問卷之比較

變項	母群		研究樣本		有效問卷	
	數量	百分比	數量	百分比	數量	百分比
學校級別						
小學	67,800	68.7	206	68.7	82	61.7
初中	14,300	14.5	44	14.7	25	18.8
高中	16,543	16.8	50	16.7	26	19.5
地區類別						
都市	21,215	24.6	74	24.7	23	16.4
市郊	39,768	46.1	138	46.0	53	37.9
鄉鎮	25,290	29.3	88	29.3	64	45.7

註：學校階段的校數總和與地區類別的校數總和不同，因為有七位回覆者其填
寫的工作地點不是小學、初中或高中（如：K-8 或 K-12）。

其意見較不一致。

　　在有效問卷中，問卷回覆者的平均行政職務年資是 12.3 年，其年資範
圍從一年到四十四年不等。其中 97%的回覆者將自己歸類為校長，但是有
2.8%的回覆者將自己歸類為「其他」職位——包括執行校長或助理校長職
務的學區學監。男性回覆者（55.3%）則多於女性回覆者（44.7%）。

　　回覆者的工作地點全都在美國的六大分區：8.5%在東北部、11.3%在
中大西洋、24.8%在東南部、30.5%在中部、5.0%在西南部，以及 19.9%在
西北部。

 貳、研究工具的編製

　　本研究編製了一份問卷作為工具，以蒐集研究參與者對下列問題的回
覆：人口統計變項、面試實務，以及對教師應徵者面試回答摘述句顯示的
能力強度之評估。而且這項研究工具在驗證過之後才用於本研究。

一、問卷細目表

　　筆者為問卷編製了一份細目表，以確保每一項教師素質都出現在問卷的題目中（見表 A-2）。Stronge（2002）提出的高效能教師素質列在第一欄，最後一欄則是 Stronge 提出的各類素質之次分類。問卷的每一道問題有六個關聯的答項供填答者評分，這些答項則連結到不同層次的教師效能。

98

表 A-2　問卷細目表

高效能教師素質	項次	教師效能行為量表的次分類
個人特質	3	熱忱 關愛；公平與尊重；正面關係 反省[a]
班級經營	2	班級組織 班級經營
教學計畫	3	短期計畫與長期計畫[a] 教學的複雜度 時間運用
教學實施	4	因材施教 對學生學習的期望 結合科技 教學清晰度
評量	2	回饋的品質 理解能力的評量

[a] 這些項目包括在 Stronge（2002）的教師素質研究架構中，但並未被明確視為獨立的素質。

二、研究工具的設計

　　在「學校領導者對高效能教師素質之看法」調查表（見附錄 B）中，其一百零六條答項包括了必答答項和評分選項的組合。這份問卷也包括策略性的排除題，其設計目的在過濾掉過去一年未曾進行過教師面試的學校主管。

詳言之，問卷的第一部分蒐集人口變項和背景資訊；第二部分詢問學校主管有關面試實務的問題；第三部分則要求填答者將面試回答摘述句連結到最適宜的能力強度，而這些面試回答係根據最可能做出類似回答的教師應徵者類別而寫。筆者選擇了特定的口語化標題來描述教師應徵者的類別，以「為填答者澄清量表的意義」（Weisberg, Krosnick, & Bowen, 1996, p.82）。其中，高素質的陳述句被視為「可為範例」，而低素質的陳述句則歸類為「不合要求」，其中間層次則是「發展中」和「已熟練」。

三、研究工具的驗證：試驗性研究

筆者進行了兩項試驗性研究來修正研究工具。第一項研究在確立建議的面試問題和擬連結的高效能教師素質之間的內容效度（content validity）；第二項研究則從現職的學校主管對教師素質的預設分級（如：不合要求、發展中、已熟練或可為範例）之看法——填答者要區辨教師對面試問題的取樣回答，來蒐集回饋的資料。

問卷題目的試驗性研究：決定內容效度。內容效度在估測問卷題目與高效能教師素質的相關程度（Weisberg et al., 1996）。引用 Bauer 及其同僚（2001）使用的範本，筆者以熟悉高效能教師素質的學校人員為樣本（$N=29$），請他們將問卷問題依教師素質面向排序，然後計算正確配對的比率。這麼做是為了決定所調查問題及其詮釋的一致性，參與試驗性研究的填答者被要求將問卷題目與高效能教師素質的陳述句加以連結，以建立內容效度。

筆者進行了試題分析（item analysis）以決定問卷填答結果的變異性，其方式為大多數填答者一致列為與高效能教師素質相關的題項，被視為具有內容效度。

二十九位研究參與者（100%的參與率與回收率）填寫完兩頁的問卷，該問卷調查高效能教師素質與面試問題的相關程度。在十四則問題中的九題，大多數填答者都能適當連結教師素質與面試問題。但有三題填答者不贊同預設的配對，他們把題目與更密切相關的面向連結。此試驗性研究的結果指出，填答者認為「教學組織」和「教學實施」之間有緊密的連結，於是筆者根據所蒐集的資料來修正題目的敘述，以確定最後的問卷調查工

具。

　　研究工具的試驗性研究：確定信度和內容效度。在第二項試驗性研究中，填答者被要求思考與各教師效能層次有關聯的面試回答，而非與問卷題目的連結，後者是第一項試驗性研究的重點。內容效度的決定，可以透過在這方面有充分知識的個人所建立的共識（Gay, 1987; Litwin, 1995）。問卷題目由十三位現職學校主管審查以建立內容效度，這些審查者包括四位小學校長、五位初中的學校主管，以及四位高中的學校主管。他們代表了學校所在的三類地區，其中兩位在鄉鎮的學校服務、五位在市郊的學校服務、六位在都市地區服務。內部一致性（internal consistency）被用來估測信度，筆者以斯—布公式（Spearman-Brown's formula）來計算，信度是.7，因為問卷包括了五十題以上的題目（Gay, 1987）。根據研究文獻而來的評級，填答者的答案都一致的有93%；評級相差範圍在一級距以內的則達到100%。

 參、研究方法

　　「學校領導者對高效能教師素質之看法」調查表（見附錄 B）的回收率為58.3%，其中47%是有效問卷。研究結果依下列三個問題而組織：

1. 研究參與者對於「學校領導者對高效能教師素質之看法」調查表中的面試回答摘述句，在評級上的共識達到什麼程度？
2. 研究本位的評分指標和研究參與者的看法之間的一致性，達到什麼程度？
3. 研究參與者的人口統計變項（如：性別、學校級別、地區類別、學校主管的年資、一年中擔任面試者的次數），與其所做的教師能力判別，達到什麼程度的相關？

1.研究參與者對於「學校領導者對高效能教師素質之看法」調查表中的面試回答摘述句，在評級上的共識達到什麼程度？

　　填答者在各項陳述之評級的一致性，呈現八十四個陳述中有七十五個陳述相同的絕對多數情形。就評級的方向性而言，在八十四個陳述中，以某個評級上加一個或下減一個級距而論，至少有 75% 的填答者具有一致性（見 p. 100 的表 A-3）。在某個教師效能的探索式研究中，Stronge 及其同僚（2003）發現，評級差異在一個級距之內被認為可以接受。該研究只有兩位參與者，而本研究則多達一百四十一人對問卷的陳述提供獨立的評級結果，因此其意涵是，在較大型的研究中，多數填答者之間有加減一個級距的差異，此結果比兩個人之間有近似的評級，更應該被接受。

2.研究本位的評分指標和研究參與者的看法之間的一致性，達到什麼程度？

　　大體上，填答者大多能夠挑出題目中的研究本位答項，但他們選出研究本位答項之外的教師能力層次，大約占所有答項的四分之一。不過，在選擇其他答項的情況中，填答者偏好選擇比研究本位答項高或低一個級距，而學校主管選低一個級距的答項要比選高一個級距的答項，多出了兩倍。

　　表 A-3 所包含的粗體數字，顯示填答者一致選出研究本位答項的百分比率。例如，就粗體字是 73.8% 的情況而言，目標評級獲得最高百分率的圈選，但另有二十二個樣本的摘述句（26.2%），填答者選的是其他的評級。

102　　　　表 A-3 的最後兩欄，說明填答者的評級與研究本位答項的相關程度，「主要」一欄，指出大多數填答者就某一答項所選擇的教師能力層級，而「次要」一欄則指出次多的教師能力層級選擇。大多數情況下，學校主管圈選的多數答案與研究本位的答項相一致──正如「主要」欄填「0」所示，該欄中的加分或減分符號則表示答案和研究本位答項差了幾個級距，加號表示高於研究本位答項，減號表示低於研究本位答項。在少數情況下，大多數學校主管圈選的答案和研究本位答項不一致，而且差了一個級距，

例如「主要」欄中出現的+1 或-1。但是有兩項研究本位答項未被學校主管選為最高百分比率的答案，此變異的可能原因是，與聚焦在特定教師效能變項的研究對照，應徵者的素質影響了現職學校主管的看法。

3.研究參與者的人口統計變項（如：性別、學校級別、地區類別、學校主管的年資、一年中擔任面試者的次數），與其所做的教師能力判別，達到什麼程度的相關？

　　筆者一併使用卡方檢定和相關檢定，來決定研究參與者的人口統計變項與其評級的答項之間關係的統計顯著性。由於學校主管所屬的學校級別和地區類別是類別變項，我們選擇採用卡方檢定。附錄 B 包含了問卷各項問題的文字陳述。

　　學校級別。 筆者使用卡方檢定，來檢視學校主管所屬學校級別和他們對面試回答反應的能力強度之看法，以及這兩者之間互相影響的統計顯著性。有十六項陳述顯示了統計的顯著性──如 p. 108 的表 A-4 所示；然而，除了一項陳述之外，所有陳述的細格期望人數都低於 5。依據SPSS 統計應用軟體的運算規則，「某些強調卡方檢定的假設，在樣本數小時是不可靠的，統計專家往往建議的經驗法則是，所有的細格期望人數都至少是 5，以使卡方檢定變得可靠」（Kirkpatrick & Feeney, 2001, p. 105）。這表示，雖然該項目的檢定結果達到統計上的顯著，但由於某些年級或評級的細格人數很少，如果採用每一細格值更大的較大樣本時，可能無法重複出現統計上的顯著。但有一個題項（32C）符合統計上的顯著和所有細格的期望人數至少是 5 的標準，這個題項是「教學實施」，而初中或高中的學校主管比小學校長更有可能選出目標評級（分別是 71.4%和 63.0%），小學校長在該題項的評級為符合目標評級（40.8%）或比其高一級距（37.2%）。

　　地區類別。 在考慮地區類別變項時（見 p. 111 的表 A-5），讀者應該會注意到，與母群比較，居住在鄉鎮的填答者被筆者過度描述（overrepresented），該過度描述並不影響本研究的結果；雖然變項之間有顯著的交互作用，但這些變項並未達到每一細格至少是 5 的經驗法則，因此大體上，填答者的居住地區（都市、市郊、鄉鎮）與學校級別（小學、初中、高

103

中），並不影響校長對面試回答所屬強度的判別。這並不令人驚訝，因為問卷問題被設計成一般的題目，而且適用於所有教師的任教學校環境。如果改變問卷題目或與其連結的面試回答，以有利於在特定情境中更常採用的策略或技術，變異的可能性將會增加。發現地區類別未造成變異，是令人鼓舞的，因為這暗示面試問題及相關聯的回答，並未因地區或年級別而產生偏誤。

　　人口統計變項。研究參與者的行政工作年資、擔任面試次數、所面試新進教師的比率，以及性別等變項的相關係數均被計算（見 p. 114 的表 A-6）。根據所得相關係數（correlation coefficients）的正、負值，就可以決定變項的影響來源。由於計算的相關係數很多，本研究採用的方法提高了發現相關的可能性。用α=.05（譯註：即信賴水準為 95%）做推估，當計算的相關係數有三百三十六個時，大約可預測其中十六個相關係數會隨機達到統計上的顯著。

104　　　　筆者在四個能力強度層次上，總計找出二十八個達到統計上顯著的相關係數，其數量比隨機產生的更多。長期從事相同職務或從事完全重複的工作而獲得的經驗，經常有助於改善工作實務，使人更能適應差異。因此，筆者假設，有更多年資或擔任面試者次數更多的學校主管，更有可能選出與目標評級一致的面試回答。同樣地，筆者假設，如果校長的面試對象有較高比率的新進教師，由於校長對新進教師的期望較低，當其調整期望時會導致評級的結果高於目標評級，但是本研究得到的資料並未支持這項假設。與年資（5）、面試次數（1）、面試的新進教師比率（3）有關聯的相關係數，可歸因為機率的作用，這顯示問卷答項的選擇並未受到這些人口統計變項的影響。然而，「性別」變項有十九個達到統計顯著性的相關係數，這表示其間牽涉的不只是隨機機率的作用，但這十九個相關係數中有十七個顯示，男性主管對面試回答的評級高於女性主管，但是相關係數的檢定力很小。除了性別以外，在這項調查中，人口統計變項（如：學校級別、地區類別、年資、面試次數、面試新進教師的比率），並不影響研究參與者所做的評級。

肆、摘要

　　本研究旨在找出新的教師素質面試範本之具體要素，這些要素建立在現行高效能教師研究和面試研究的基礎上。為這套範本設計的研究工具包括了多項特徵，而這些特徵被整體面試研究視為優良的面試策略。本研究對面試範本評分指標的驗證方式為，抽離關鍵字詞，然後將其嵌入與問卷問題有關聯的面試回答。面試範本的目標包括，使學校和學區做出更好的甄選決策、減少教師離職的成本付出，以及提供學生更有效能的教師。使用以高效能教師研究文獻為根據的評分指標，將提供學校主管一項工具，使其能針對教師素質評鑑應徵者的回答，而在實證上，這些教師素質則已連結到更高層次的學生成就。

105　表 A-3　填答者對研究本位目標答項的專業能力強度之看法——依百分比統計

教師素質面向及答項	答項強度分類				與目標答項有關的選擇	
	不合要求	發展中	已熟練	可為範例	主要	次要
教師個人特質						
23.你認為教學最有意義的事情是什麼？						
(1)並未清楚表達想法。	**83.5**	14.4	2.2	0	0	+1
(2)表達清楚並提出實例。	0.7	7.2	**52.2**	39.9	0	+1
(3)表達出不切實際、沒有根據的教學觀。	13	**81.2**	5.1	0.7	0	-1
(4)以有用的具體實例和抽象舉例來說明。	0.7	8.1	50.7	**40.4**	-1	0
(5)表達出大概念，但欠缺細節說明。	9.4	**84.1**	5.8	0.7	0	-1
(6)表達出幫助學生樂在學習的熱情。	0.7	16.1	34.3	**48.9**	0	-1
31.請舉一個例子說明，你如何建立及維持與學生的和睦關係。						
(1)觀賞受學生歡迎的電視節目。	60.7	**35.0**	3.6	0.7	-1	0
(2)舉出關心學生在校內和校外生活的例子。	0.7	12.9	51.4	**35.0**	-1	0
(3)很難與這類孩子建立關係，其特質不同於教師或所教過的學生。	**87.9**	10.7	1.4	0	0	+1
(4)聚焦在教師控制學生的角色上。	**55.7**	38.6	5.7	0	0	+1
(5)舉例說明在教學時間以外與學生的相處（如：社團、運動練習、參加課外集會）。	0	8.0	50.0	**42.0**	-1	0
(6)以學生的集體利益與學生互動，然後認識學生。	0	13.7	**59.7**	26.6	0	+1

註：(1)粗體數字表示根據高效能教師研究的目標答項。「主要」是指評分最多者；「次要」是指評分次多者。
　　(2)主要的和次要的答項選擇之記分表示：0=目標答項；+1=比目標答項高一個級距；+2=比目標答項高兩個級距；-1=比目標答項低一個級距；-2=比目標答項低兩個級距。

（續上表）

教師素質面向及答項	答項強度分類				與目標答項有關的選擇	
	不合要求	發展中	已熟練	可為範例	主要	次要
36.回想你未達成教學期望的某一課——儘管你已做好計畫和準備。請說明，再次做教學計畫，以及教導學生這一課時，你會考慮哪些事情、你會如何改變教學方法。						
(1)聚焦在與教師無關的問題上。	**70.0**	26.4	3.6	0	0	+1
(2)以有限的反省證據，來探討這項問題。	34.5	**64.0**	1.4	0	0	-1
(3)反省以改進教學。	0	22.1	**65.7**	12.1	0	-1
(4)反省教學和學生的表現，以改進學生的學習。	0	2.2	38.1	**59.7**	0	-1
(5)聚焦在學生犯錯的地方。	**54.3**	39.3	5.7	0.7	0	+1
(6)說明重教該概念的其他方法，以利學生可以學習。	0.7	9.9	**50.4**	39.0	0	+1
班級經營						
24.請說明，開學最初幾週期間，你會對學生做些什麼，以建立正面的班級環境。						
(1)透過學生對班級的共有感，建立班級社群。	0.7	5.8	40.6	**52.9**	0	-1
(2)提供有限的機會讓學生練習常規。	50.4	**45.3**	0.7	3.6	-1	0

106

註：(1)粗體數字表示根據高效能教師研究的目標答項。「主要」是指評分最多者；「次要」是指評分次多者。
　　(2)主要的和次要的答項選擇之記分表示：0=目標答項；+1=比目標答項高一個級距；+2=比目標答項高兩個級距；-1=比目標答項低一個級距；-2=比目標答項低兩個級距。

（續上表）

教師素質面向及答項	答項強度分類				與目標答項 有關的選擇	
	不合要求	發展中	已熟練	可為範例	主要	次要
(3)對於如何建立與學生的和睦關係，未具體舉例。	**73.9**	23.2	2.2	0.7	0	+1
(4)班級規則只介紹一次，然後期望學生遵守。	**75.9**	21.9	2.2	0	0	+1
(5)在學年開始時花時間加強常規，以使學生能獨立學習。	0.7	10.8	**54.0**	34.5	0	+1
(6)對不專心的學生有所回應，然後再次引導其學習。	1.7	22.5	**54.3**	21.7	0	-1
27.請說明，以前當你很難管教某位學生的行為時，你如何處理。						
(1)和學生及其他人一起合作解決（如：家長、輔導諮商師），以幫助學生表現符合期望的行為。	0	2.9	48.2	**48.9**	0	-1
(2)使用處罰的方法管教學生。	**56.5**	37.0	5.8	0.7	0	+1
(3)聚焦在採用嚴格管教方法的需求上。	38.1	**55.4**	6.5	0	0	-1
(4)強化對學生的行為期望。	2.2	24.1	**62.4**	9.5	0	-1
(5)如果學生在上課時未改進行為，將其轉介到行政處室處理。	**30.9**	58.3	10.1	0.7	+1	0
(6)舉例說明，教師的行為即學生管教的促成因素。	12.6	**28.1**	47.4	11.9	+1	0

註：(1)粗體數字表示根據高效能教師研究的目標答項。「主要」是指評分最多者；「次要」是指評分次多者。

　　(2)主要的和次要的答項選擇之記分表示：0=目標答項；+1=比目標答項高一個級距；+2=比目標答項高兩個級距；-1=比目標答項低一個級距；-2=比目標答項低兩個級距。

（續上表）

教師素質面向及答項	答項強度分類				與目標答項有關的選擇	
	不合要求	發展中	已熟練	可為範例	主要	次要
教學計畫						
25.請說明，你做長期教學計畫和短期教學計畫的過程。						
(1)將長期計畫和短期計畫視為功能各自獨立的計畫。	36.2	**59.4**	4.3	0	0	-1
(2)不做長期計畫，或者不熟悉長期計畫的概念。	**84.9**	14.4	0.7	0	0	+1
(3)藉由參考教學計畫，訂出教學的優先順序。	1.4	34.5	56.1	**7.9**	-1	-2
(4)同時使用長期計畫和短期計畫，但是很倚重短期計畫。	0.7	39.3	**50.7**	9.3	0	+1
(5)運用教學計畫，將事實資訊併入大概念中。	0	10.9	61.3	**27.7**	-1	0
(6)認為學年之中有太多干擾因素，因此長期計畫沒有用。	**79.1**	17.3	2.9	0.7	0	+1
29.回想一個你曾教過的教學單元。請說明，你為何選擇特定的教學策略來教這一課。						
(1)有對策地使用各種教學策略，使學生的學習達到最完善。	0	1.4	25.2	**73.4**	0	-1
(2)偏好使用自己熟悉的教學策略。	15.8	**74.1**	10.1	0	0	-1

107

註：(1)粗體數字表示根據高效能教師研究的目標答項。「主要」是指評分最多者；「次要」是指評分次多者。
　　(2)主要的和次要的答項選擇之記分表示：0=目標答項；+1=比目標答項高一個級距；+2=比目標答項高兩個級距；-1=比目標答項低一個級距；-2=比目標答項低兩個級距。

（續上表）

教師素質面向及答項	答項強度分類				與目標答項有關的選擇	
	不合要求	發展中	已熟練	可為範例	主要	次要
(3)選擇能吸引學生學習風格的教學策略。	0.7	8.6	**72.7**	18.0	0	+1
(4)使用不同策略來考慮教學的可用資源。	0.7	30.2	**56.1**	12.9	0	-1
(5)與另一位教師合作，該教師對於能有效教導該單元的教學策略，會提出建議。	2.9	**51.4**	37.9	7.9	0	+1
(6)相信教科書的教學策略選擇。	**42.4**	54.7	2.9	0	-1	0
33.你如何以教學時間的運用證實，學習是學生的基本目的？						
(1)強調學習時間可能怎樣受到外在事件干擾，因此教師口頭提醒學生要專心。	**28.3**	60.9	10.9	0	+1	0
(2)提到，課堂教學時間因為被非教學的活動占用而縮短。	**77.7**	20.1	2.2	0	0	+1
(3)在分配教學時間時，會考慮教師教學和學生學習所需的時間。	3.6	21.6	**58.3**	16.5	0	-1
(4)舉例說明如何使高比率的時間用於教學，例如善用可以教學的時機。	0	2.9	47.5	**49.6**	0	-1
(5)對於花多少時間在班級教學，能說出基本答案。	**24.5**	71.9	3.6	0	+1	0

註：(1)粗體數字表示根據高效能教師研究的目標答項。「主要」是指評分最多者；「次要」是指評分次多者。
　　(2)主要的和次要的答項選擇之記分表示：0=目標答項；+1=比目標答項高一個級距；+2=比目標答項高兩個級距；-1=比目標答項低一個級距；-2=比目標答項低兩個級距。

（續上表）

教師素質面向及答項	答項強度分類				與目標答項有關的選擇	
	不合要求	發展中	已熟練	可為範例	主要	次要
(6)彈性運用時間，以確保學生的學習。	0	7.9	**65.5**	26.6	0	+1
教學實施						
26.請說明，你如何使學生參與學習。						
(1)修正教學活動，以因應學生的需要。	0	5.7	**63.6**	30.7	0	+1
(2)有系統地設計因材施教的學習活動。	0	1.4	30.5	**68.1**	0	-1
(3)採用「一體適用」的教學方法。	**80.4**	18.1	0.7	0.7	0	+1
(4)提供一些學習活動，其設計在充分利用學生的興趣。	0.7	**70.3**	25.4	3.6	0	+1
(5)舉例說明，如何達到高層次的學生積極參與。	0	6.5	50.0	**43.5**	-1	0
(6)認為學校不應該迎合學生的興趣。	**96.4**	2.2	1.4	0	0	+1
32.請說明，你在教學時如何提升學生對成績的高度期望。						
(1)舉例說明，在特定的指定作業方面，滿足不同層次的期望會是什麼情況。	0	2.9	43.2	**54.0**	0	-1
(2)熱衷學習。	0.7	**23.2**	42.0	34.1	+1	+2
(3)鼓勵學生參與學習。	20.9	**51.8**	27.3	0	0	+1

108

註：(1)粗體數字表示根據高效能教師研究的目標答項。「主要」是指評分最多者；「次要」是指評分次多者。
　　(2)主要的和次要的答項選擇之記分表示：0＝目標答項；+1＝比目標答項高一個級距；+2＝比目標答項高兩個級距；-1＝比目標答項低一個級距；-2＝比目標答項低兩個級距。

（續上表）

教師素質面向及答項	答項強度分類				與目標答項有關的選擇	
	不合要求	發展中	已熟練	可為範例	主要	次要
(4)將有效學習的責任只放在學生身上。	**68.3**	26.6	5	0	0	+1
(5)相信不同的學生在不同的時間有不同的需要，因此對學生的高度期望會反映學生的差異。	5.8	12.2	44.6	**37.4**	-1	0
(6)間接表明：學生要為自己的成績負責，教師只有輕微的影響。	**64.0**	32.4	3.6	0	0	+1
34.在教學過程中，你如何運用科技？						
(1)以實例說明，科技及相關資源如何融入有意義的課堂教學。	0.7	2.1	38.6	**58.6**	0	-1
(2)對使用科技覺得不自在。	**72.9**	21.4	3.6	2.1	0	+1
(3)提供學習任務，以使學生在適當應用科技方面，能增進熟練度和專門知識。	0.7	6.5	59.0	**33.8**	-1	0
(4)適當時，將可得的科技用於教學目標。	0.7	17.1	**67.1**	15.0	0	-1
(5)所舉實例，顯示對科技的不當應用。	70.7	**23.6**	4.3	1.4	-1	0
(6)無法舉例說明需要應用科技的真實學生作業。	**77.0**	21.6	0.7	0.7	0	+1

註：(1)粗體數字表示根據高效能教師研究的目標答項。「主要」是指評分最多者；「次要」是指評分次多者。

(2)主要的和次要的答項選擇之記分表示：0=目標答項；+1=比目標答項高一個級距；+2=比目標答項高兩個級距；-1=比目標答項低一個級距；-2=比目標答項低兩個級距。

（續上表）

教師素質面向及答項	答項強度分類				與目標答項有關的選擇	
	不合要求	發展中	已熟練	可為範例	主要	次要
35.從你的學科領域選一個學生通常覺得困難的主題。請說明，這個主題是什麼，以及你如何向學生解說，然後就你用來幫助學生擴充理解的某項活動，說明該項活動的指導要點。						
(1)對證明某些知識的問題，給予錯誤的答案。	**48.6**	47.1	4.3	0	0	+1
(2)提供相當多教學用的舉例和引導的練習。	0	2.9	56.8	**40.3**	-1	0
(3)在所選擇的範例中，提出令人困惑的實例和指引。	**74.3**	24.3	1.4	0	0	+1
(4)主題的解說不夠明確。	**48.9**	46.8	3.6	0.7	0	+1
(5)先對全班學生舉例說明該主題，然後視需要針對特定學生再提出補充的解說。	1.4	22.1	52.1	**24.3**	-1	0
(6)採用清楚的實例和按部就班的指引。	0	3.6	**61.4**	35.0	0	+1
學習評量						
28.請說明，你如何向學生與家長說明評分辦法。						
(1)使用形式有限的持續評量和總結評量。	9.4	**66.9**	14.4	9.4	0	+1
(2)評分範圍包括各種不同的指定作業和更多的正式評量。	0.7	24.5	**66.9**	7.9	0	-1

109

註：(1)粗體數字表示根據高效能教師研究的目標答項。「主要」是指評分最多者；「次要」是指評分次多者。
　　(2)主要的和次要的答項選擇之記分表示：0=目標答項；+1=比目標答項高一個級距；+2=比目標答項高兩個級距；-1=比目標答項低一個級距；-2=比目標答項低兩個級距。

（續上表）

教師素質面向及答項	答項強度分類				與目標答項有關的選擇	
	不合要求	發展中	已熟練	可為範例	主要	次要
(3)當學年之中有學生新加入班級時，有就緒的機制來說明評分辦法（如：迎新資料袋）。	1.4	13.0	55.8	**29.7**	-1	0
(4)對學生的成績表現提供適當回饋。	1.5	27.0	**63.5**	8.0	0	-1
(5)在學校的評分期間之外，透過定期發給學生成績表，向學生解說其進步情形。	0	2.9	35.7	**61.4**	0	-1
(6)偏好只以總結的學習任務作評分根據（如：測驗）。	**53.2**	43.9	1.4	1.4	0	+1
30.請說明，你的評量方式如何適應學生的學習需要。						
(1)分析學生過去在評量上的表現，以決定學生應如何盡量證明其所學知識。	0	10.8	44.6	**44.6**	Tied 0/-1	Tied 0/-1
(2)以同一方式評量所有學生。	59.4	**37.7**	2.9	0	-1	0
(3)使用特教教師所準備的修改版評量。	13.7	**53.2**	30.2	2.9	0	+1
(4)適當時，將學生按照各種能力層次因材施教。	0	3.5	40.4	**56.0**	0	-1
(5)根據學生所接受的教學，來改變評量的某些部分。	2.1	39.3	**46.4**	12.1	0	-1
(6)只有在執行個別教育計畫或504計畫時，才調整教學。	**62.1**	34.3	3.6	0	0	+1

註：(1)粗體數字表示根據高效能教師研究的目標答項。「主要」是指評分最多者；「次要」是指評分次多者。
　　(2)主要的和次要的答項選擇之記分表示：0＝目標答項；+1＝比目標答項高一個級距；+2＝比目標答項高兩個級距；-1＝比目標答項低一個級距；-2＝比目標答項低兩個級距。

表 A-4　學校級別與答項選擇的卡方檢定　　*110*

答項[a]	回答人數	x^2_{obs}	df[b]	檢定統計數[c]（雙尾）
23A	131	15.132	4	.004**
23B	129	1.865	6	.932
23C	130	4.797	6	.570
23D	128	5.995	6	.424
23E	130	3.613	6	.729
23F	130	5.637	6	.465
24A	129	2.258	6	.895
24B	131	4.208	6	.649
24C	130	12.958	6	.044*
24D	129	16.261	4	.003**
24E	131	6.429	6	.377
24F	130	2.604	6	.857
25A	130	3.503	4	.477
25B	131	8.885	4	.064
25C	131	4.352	6	.629
25D	131	3.972	6	.680
25E	129	2.429	4	.657
25F	131	13.744	6	.033*
26A	132	2.288	4	.683
26B	132	3.899	4	.420
26C	131	14.834	6	.022*
26D	130	5.537	6	.477
26E	130	2.683	4	.612
26F	131	10.825	4	.029*
27A	130	.810	4	.973
27B	130	16.188	6	.013*
27C	131	.631	4	.960
27D	129	5.988	6	.425
27E	130	8.779	4	.067
27F	128	7.451	6	.281

註：[a] 每一則答項的措辭見附錄 B。

　　[b] 自由度不同是由於，有些可能的答項完全沒有填答者圈選。

　　[c] 卡方檢定結果為「漸近線型的顯著」（asymptonic significance），意指雙尾的常態分配接近基準線，但並未觸及基準線。

　　*α＝.05　df＝4, x^2_{crit}＝9.49　df＝6, x^2_{crit}＝12.6

　　**α＝.01　df＝4, x^2_{crit}＝13.3　df＝6, x^2_{crit}＝16.8

（續上表）

答項[a]	回答人數	x^2_{obs}	df[b]	檢定統計數[c]（雙尾）
28A	131	4.497	6	.610
28B	131	7.576	6	.271
28C	130	4.920	6	.554
28D	129	6.951	6	.325
28E	131	4.312	4	.365
28F	131	3.452	6	.750
29A	130	4.507	4	.342
29B	131	1.097	4	.895
29C	131	5.888	6	.436
29D	131	13.768	6	.032*
29E	131	6.350	6	.385
29F	131	4.159	4	.385
30A	131	5.465	4	.243
30B	130	1.359	4	.851
30C	131	7.836	6	.250
30D	132	7.125	4	.129
30E	132	2.622	6	.855
30F	132	14.074	4	.007**
31A	132	9.111	6	.167
31B	132	6.300	6	.390
31C	132	3.783	4	.436
31D	132	9.450	4	.051
31E	130	2.217	4	.696
31F	130	3.985	4	.408
32A	131	4.126	4	.389
32B	130	3.167	6	.788
32C	131	11.108	4	.025*
32D	131	5.059	4	.281
32E	130	9.426	6	.151
32F	131	2.373	4	.668

111

註：[a] 每一則答項的措辭見附錄 B。

　　[b] 自由度不同是由於，有些可能的答項完全沒有填答者圈選。

　　[c] 卡方檢定結果為「漸近線型的顯著」（asymptonic significance），意指雙尾的常態分配接近基準線，但並未觸及基準線。

　　　*α＝.05　df＝4, x^2_{crit}＝9.49　df＝6, x^2_{crit}＝12.6

　　　**α＝.01　df＝4, x^2_{crit}＝13.3　df＝6, x^2_{crit}＝16.8

（續上表）

答項[a]	回答人數	x^2_{obs}	df[b]	檢定統計數[c]（雙尾）
33A	130	15.672	4	.003**
33B	131	9.478	4	.050
33C	131	6.147	6	.407
33D	131	15.201	4	.004**
33E	131	6.680	4	.154
33F	130	2.289	4	.683
34A	131	11.874	6	.065
34B	132	5.667	6	.461
34C	132	1.830	6	.935
34D	132	5.718	6	.456
34E	132	10.285	6	.113
34F	131	7.282	6	.296
35A	132	11.701	4	.020*
35B	131	.516	4	.972
35C	132	10.104	4	.039*
35D	131	7.237	6	.299
35E	131	5.743	6	.454
35F	132	4.430	4	.351
36A	132	11.347	4	.023*
36B	131	10.419	4	.034*
36C	132	6.511	4	.164
36D	131	2.365	4	.669
36E	132	8.071	6	.233
36F	132	3.380	6	.760

註：[a] 每一則答項的措辭見附錄 B。

　　[b] 自由度不同是由於，有些可能的答項完全沒有填答者圈選。

　　[c] 卡方檢定結果為「漸近線型的顯著」（asymptonic significance），意指雙尾的常態分配接近基準線，但並未觸及基準線。

　　　*α＝.05　df＝4, x^2_{crit}＝9.49　df＝6, x^2_{crit}＝12.6

　　　**α＝.01　df＝4, x^2_{crit}＝13.3　df＝6, x^2_{crit}＝16.8

表 A-5　地區類別與答項選擇的卡方檢定

答項[a]	回答人數	x^2_{obs}	df[b]	檢定統計數[c]（雙尾）
23A	138	4.086	4	.395
23B	137	11.495	6	.074
23C	137	1.457	6	.962
23D	135	4.021	6	.674
23E	137	2.298	6	.812
23F	136	6.520	6	.368
24A	137	6.712	6	.348
24B	138	4.544	6	.603
24C	137	8.628	6	.196
24D	136	3.144	4	.543
24E	138	9.832	6	.132
24F	137	8.357	6	.213
25A	137	5.671	4	.225
25B	138	7.196	4	.126
25C	138	5.410	6	.492
25D	139	5.296	6	.507
25E	136	5.525	4	.238
25F	138	5.249	6	.512
26A	139	1.120	4	.891
26B	140	4.224	4	.376
26C	137	6.241	6	.367
26D	137	3.947	6	.684
26E	137	4.000	4	.364
26F	138	13.712	4	.008**
27A	138	1.526	4	.822
27B	137	14.567	6	.024*
27C	138	16.048	4	.003**
27D	136	5.971	6	.426
27E	138	13.170	6	.040*
27F	134	2.542	6	.864

註：[a] 每一則答項的措辭見附錄 B。

　　[b] 自由度不同是由於，有些可能的答項完全沒有填答者圈選。

　　[c] 卡方檢定結果為「漸近線型的顯著」（asymptonic significance），意指雙尾的常態分配接近基準線，但並未觸及基準線。

　　　*α＝.05　df＝4, x^2_{crit}＝9.49　df＝6, x^2_{crit}＝12.6

　　　**α＝.01　df＝4, x^2_{crit}＝13.3　df＝6, x^2_{crit}＝16.8

（續上表）

答項 [a]	回答人數	x^2_{obs}	df [b]	檢定統計數 [c]（雙尾）
28A	138	3.301	6	.770
28B	138	7.666	6	.264
28C	137	3.489	6	.745
28D	136	4.396	6	.623
28E	139	3.159	4	.532
28F	138	5.054	6	.537
29A	138	3.449	4	.486
29B	138	3.216	4	.522
29C	138	.618	4	.961
29D	138	3.074	6	.799
29E	139	6.047	6	.418
29F	138	2.877	4	.577
30A	138	9.581	4	.048*
30B	137	5.837	4	.212
30C	138	5.153	6	.524
30D	140	4.774	4	.311
30E	139	12.044	6	.061
30F	139	5.767	4	.217
31A	139	10.512	6	.015
31B	139	4.900	6	.557
31C	139	4.104	4	.392
31D	139	6.210	4	.184
31E	137	1.552	4	.817
31F	138	2.475	4	.649
32A	138	6.423	4	.490
32B	137	5.061	6	.536
32C	138	3.806	4	.433
32D	138	1.359	4	.851
32E	138	1.099	6	.982
32F	138	10.601	4	.031*

註：[a] 每一則答項的措辭見附錄 B。

　　[b] 自由度不同是由於，有些可能的答項完全沒有填答者圈選。

　　[c] 卡方檢定結果為「漸近線型的顯著」（asymptonic significance），意指雙尾的常態分配接近基準線，但並未觸及基準線。

　　*α＝.05　df＝4, x^2_{crit}＝ 9.49　df＝6, x^2_{crit}＝ 12.6

　　**α＝.01　df＝4, x^2_{crit}＝ 13.3　df＝6, x^2_{crit}＝ 16.8

（續上表）

答項 [a]	回答人數	x^2_{obs}	df [b]	檢定統計數 [c]（雙尾）
33A	137	2.494	4	.646
33B	138	7.986	4	.092
33C	138	3.360	6	.763
33D	138	4.345	4	.361
33E	138	6.189	4	.185
33F	138	3.323	4	.505
34A	139	9.958	6	.126
34B	139	10.734	6	.097
34C	138	3.444	6	.751
34D	139	2.676	6	.848
34E	139	13.269	6	.039*
34F	138	8.445	6	.207
35A	139	3.361	4	.499
35B	138	6.239	4	.182
35C	139	3.962	4	.411
35D	138	6.014	6	.422
35E	139	4.747	6	.577
35F	139	.763	4	.943
36A	139	4.017	4	.404
36B	138	13.452	4	.009**
36C	139	5.637	4	.228
36D	138	5.343	4	.254
36E	139	6.433	6	.376
36F	140	5.001	6	.544

註：[a] 每一則答項的措辭見附錄 B。

　　[b] 自由度不同是由於，有些可能的答項完全沒有填答者圈選。

　　[c] 卡方檢定結果為「漸近線型的顯著」（asymptonic significance），意指雙尾的常態分配接近基準線，但並未觸及基準線。

　　　　*$\alpha = .05$　$df = 4$，$x^2_{crit} = 9.49$　$df = 6$，$x^2_{crit} = 12.6$

　　　　**$\alpha = .01$　$df = 4$，$x^2_{crit} = 13.3$　$df = 6$，$x^2_{crit} = 16.8$

表 A-6　填答者的人口統計變項與教師效能陳述答項之相關檢定　*114*

答項[a]		年資	面試次數	面試新進教師的%	性別
PC23A	皮爾森相關 臨界 t 值（雙尾檢定） 回答人數	-0.114 0.183 138	0.047 0.586 139	0.017 0.845 139	0.168* 0.049 138
PC23B	皮爾森相關 臨界 t 值（雙尾檢定） 回答人數	-0.106 0.219 137	-0.041 0.633 138	-0.109 0.204 138	-0.181* 0.034 137
PC23C	皮爾森相關 臨界 t 值（雙尾檢定） 回答人數	0.025 0.769 137	0.103 0.231 138	-0.010 0.910 138	0.260** 0.002 137
PC23D	皮爾森相關 臨界 t 值（雙尾檢定） 回答人數	0.056 0.520 135	0.032 0.711 136	-0.041 0.638 136	0.107 0.216 135
PC23E	皮爾森相關 臨界 t 值（雙尾檢定） 回答人數	0.077 0.370 137	-0.068 0.425 138	-0.065 0.445 138	0.023 0.791 137
PC23F	皮爾森相關 臨界 t 值（雙尾檢定） 回答人數	0.082 0.345 136	-0.024 0.777 137	0.030 0.727 137	0.058 0.506 136
CM24A	皮爾森相關 臨界 t 值（雙尾檢定） 回答人數	0.085 0.321 137	0.050 0.557 138	-0.063 0.464 138	-0.211* 0.013 137
CM24B	皮爾森相關 臨界 t 值（雙尾檢定） 回答人數	0.001 0.994 138	-0.066 0.439 139	-0.101 0.235 139	0.083 0.334 138
CM24C	皮爾森相關 臨界 t 值（雙尾檢定） 回答人數	0.024 0.784 137	-0.048 0.575 138	0.011 0.897 138	0.195* 0.022 137
CM24D	皮爾森相關 臨界 t 值（雙尾檢定） 回答人數	0.153 0.075 136	-0.022 0.798 137	0.080 0.351 137	0.186* 0.030 136
CM24E	皮爾森相關 臨界 t 值（雙尾檢定） 回答人數	0.046 0.590 138	0.086 0.316 139	0.093 0.274 139	0.014 0.875 138
CM24F	皮爾森相關 臨界 t 值（雙尾檢定） 回答人數	-0.091 0.292 137	-0.010 0.907 138	0.114 0.183 138	-0.037 0.671 137

註：PC＝個人特質　CM＝班級經營　OI＝教學計畫　ID＝教學實施　A＝評量
[a] 每一則答項的措辭見附錄 B。
* p<.05　** p<.01

（續上表）

答項[a]		年資	面試次數	面試新進教師的%	性別
OI25A	皮爾森相關 臨界 t 值（雙尾檢定） 回答人數	-0.098 0.253 137	0.029 0.732 138	0.030 0.723 138	0.049 0.566 137
OI25B	皮爾森相關 臨界 t 值（雙尾檢定） 回答人數	-0.021 0.808 138	0.019 0.827 139	0.001 0.993 139	0.179* 0.036 138
OI25C	皮爾森相關 臨界 t 值（雙尾檢定） 回答人數	-0.014 0.873 138	0.084 0.326 139	0.092 0.283 139	0.077 0.369 138
OI25D	皮爾森相關 臨界 t 值（雙尾檢定） 回答人數	0.210 0.013 139	-0.040 0.641 140	0.005 0.955 140	0.188* 0.027 139
OI25E	皮爾森相關 臨界 t 值（雙尾檢定） 回答人數	-0.008 0.926 136	0.145 0.090 137	0.044 0.610 137	0.057 0.510 136
OI25F	皮爾森相關 臨界 t 值（雙尾檢定） 回答人數	-0.004 0.962 138	-0.047 0.583 139	0.003 0.976 139	0.256** 0.002 138
ID26A	皮爾森相關 臨界 t 值（雙尾檢定） 回答人數	0.062 0.471 139	0.108 0.206 140	0.042 0.622 140	0.009 0.912 139
ID26B	皮爾森相關 臨界 t 值（雙尾檢定） 回答人數	0.085 0.316 140	0.100 0.237 141	-0.061 0.470 141	-0.126 0.138 140
ID26C	皮爾森相關 臨界 t 值（雙尾檢定） 回答人數	0.037 0.668 137	0.113 0.187 138	0.109 0.204 138	0.189* 0.027 137
ID26D	皮爾森相關 臨界 t 值（雙尾檢定） 回答人數	-0.023 0.786 137	-0.053 0.533 138	-0.168* 0.049 138	0.095 0.267 137
ID26E	皮爾森相關 臨界 t 值（雙尾檢定） 回答人數	-0.012 0.893 137	0.018 0.838 138	-0.053 0.535 138	-0.089 0.300 137
ID26F	皮爾森相關 臨界 t 值（雙尾檢定） 回答人數	0.005 0.949 138	0.085 0.322 139	-0.062 0.465 139	0.163 0.057 138

註：PC ＝個人特質　CM ＝班級經營　OI ＝教學計畫　ID ＝教學實施　A ＝評量
[a] 每一則答項的措辭見附錄 B。
* $p < .05$　** $p < .01$

（續上表）

	答項 [a]	年資	面試次數	面試新進教師的%	性別
CM27A	皮爾森相關 臨界 t 值（雙尾檢定） 回答人數	-0.027 0.751 138	-0.008 0.930 139	0.048 0.576 139	-0.085 0.319 138
CM27B	皮爾森相關 臨界 t 值（雙尾檢定） 回答人數	0.004 0.966 137	-0.055 0.525 138	0.082 0.338 138	0.154 0.072 137
CM27C	皮爾森相關 臨界 t 值（雙尾檢定） 回答人數	0.065 0.447 138	-0.057 0.507 139	0.002 0.983 139	0.223 0.008 138
CM27D	皮爾森相關 臨界 t 值（雙尾檢定） 回答人數	0.008 0.927 136	-0.083 0.337 137	0.176* 0.040 137	0.055 0.522 136
CM27E	皮爾森相關 臨界 t 值（雙尾檢定） 回答人數	0.183* 0.032 138	0.007 0.933 139	0.091 0.284 139	-0.026 0.763 138
CM27F	皮爾森相關 臨界 t 值（雙尾檢定） 回答人數	-0.058 0.508 134	-0.058 0.506 135	0.086 0.323 135	0.014 0.875 134
A28A	皮爾森相關 臨界 t 值（雙尾檢定） 回答人數	0.037 0.669 138	0.008 0.925 139	0.090 0.295 139	-0.067 0.438 138
A28B	皮爾森相關 臨界 t 值（雙尾檢定） 回答人數	-0.185* 0.030 138	0.037 0.668 139	0.155 0.069 139	-0.068 0.431 138
A28C	皮爾森相關 臨界 t 值（雙尾檢定） 回答人數	-0.047 0.584 137	-0.005 0.949 138	0.092 0.285 138	0.096 0.267 137
A28D	皮爾森相關 臨界 t 值（雙尾檢定） 回答人數	-0.017 0.843 136	-0.120 0.162 137	0.054 0.533 137	-0.006 0.947 136
A28E	皮爾森相關 臨界 t 值（雙尾檢定） 回答人數	0.107 0.210 139	-0.012 0.885 140	0.128 0.131 140	0.095 0.268 139
A28F	皮爾森相關 臨界 t 值（雙尾檢定） 回答人數	0.033 0.699 138	-0.015 0.858 139	0.044 0.606 139	0.058 0.503 138

註：PC ＝個人特質　CM ＝班級經營　OI ＝教學計畫　ID ＝教學實施　A ＝評量
[a] 每一則答項的措辭見附錄 B。
* $p<.05$　** $p<.01$

　（續上表）

答項[a]		年資	面試次數	面試新進教師的%	性別
OI29A	皮爾森相關 臨界 t 值（雙尾檢定） 回答人數	0.022 0.797 138	0.118 0.167 139	-0.047 0.581 139	-0.146 0.087 138
OI29B	皮爾森相關 臨界 t 值（雙尾檢定） 回答人數	0.118 0.169 138	0.079 0.358 139	0.003 0.970 139	0.071 0.409 138
OI29C	皮爾森相關 臨界 t 值（雙尾檢定） 回答人數	0.079 0.355 138	-0.161 0.058 139	-0.058 0.494 139	0.077 0.367 138
OI29D	皮爾森相關 臨界 t 值（雙尾檢定） 回答人數	0.016 0.852 138	-0.046 0.590 139	-0.066 0.443 139	-0.078 0.364 138
OI29E	皮爾森相關 臨界 t 值（雙尾檢定） 回答人數	-0.001 0.992 139	-0.286** 0.001 140	-0.026 0.762 140	0.035 0.679 139
OI29F	皮爾森相關 臨界 t 值（雙尾檢定） 回答人數	0.035 0.687 138	-0.164 0.054 139	0.079 0.357 139	0.206* 0.016 138
A30A	皮爾森相關 臨界 t 值（雙尾檢定） 回答人數	0.092 0.281 138	0.089 0.295 139	-0.051 0.548 139	0.032 0.713 138
A30B	皮爾森相關 臨界 t 值（雙尾檢定） 回答人數	0.045 0.604 137	-0.072 0.404 138	-0.080 0.349 138	0.061 0.481 137
A30C	皮爾森相關 臨界 t 值（雙尾檢定） 回答人數	0.014 0.871 138	0.137 0.107 139	0.052 0.545 139	0.169* 0.048 138
A30D	皮爾森相關 臨界 t 值（雙尾檢定） 回答人數	0.051 0.552 140	0.087 0.305 141	-0.119 0.161 141	-0.006 0.946 140
A30E	皮爾森相關 臨界 t 值（雙尾檢定） 回答人數	-0.029 0.731 139	-0.045 0.594 140	0.019 0.825 140	-0.038 0.654 139
A30F	皮爾森相關 臨界 t 值（雙尾檢定） 回答人數	-0.125 0.142 139	-0.130 0.126 140	0.044 0.606 140	0.038 0.661 139

註：PC＝個人特質　CM＝班級經營　OI＝教學計畫　ID＝教學實施　A＝評量
[a] 每一則答項的措辭見附錄 B。
* p<.05　** p<.01

（續上表）

答項[a]		年資	面試次數	面試新進教師的%	性別
PC31A	皮爾森相關 臨界 t 值（雙尾檢定） 回答人數	0.031 0.717 139	0.105 0.215 140	0.044 0.602 140	0.029 0.734 139
PC31B	皮爾森相關 臨界 t 值（雙尾檢定） 回答人數	-0.008 0.922 139	0.016 0.852 140	0.007 0.937 140	-0.112 0.190 139
PC31C	皮爾森相關 臨界 t 值（雙尾檢定） 回答人數	0.048 0.575 139	-0.108 0.205 140	0.012 0.887 140	0.126 0.138 139
PC31D	皮爾森相關 臨界 t 值（雙尾檢定） 回答人數	0.123 0.148 139	-0.039 0.646 140	0.077 0.368 140	0.209* 0.013 139
PC31E	皮爾森相關 臨界 t 值（雙尾檢定） 回答人數	0.049 0.573 137	0.098 0.253 138	-0.056 0.515 138	-0.049 0.570 137
PC31F	皮爾森相關 臨界 t 值（雙尾檢定） 回答人數	-0.005 0.954 138	-0.008 0.924 139	-0.006 0.948 139	-0.118 0.168 138
ID32A	皮爾森相關 臨界 t 值（雙尾檢定） 回答人數	0.076 0.375 138	-0.025 0.766 139	0.006 0.944 139	-0.003 0.968 138
ID32B	皮爾森相關 臨界 t 值（雙尾檢定） 回答人數	-0.035 0.686 137	-0.105 0.219 138	0.050 0.558 138	0.032 0.708 137
ID32C	皮爾森相關 臨界 t 值（雙尾檢定） 回答人數	0.008 0.924 138	-0.024 0.775 139	0.029 0.737 139	0.019 0.823 138
ID32D	皮爾森相關 臨界 t 值（雙尾檢定） 回答人數	-0.080 0.353 138	-0.011 0.899 139	-0.074 0.389 139	-0.021 0.808 138
ID32E	皮爾森相關 臨界 t 值（雙尾檢定） 回答人數	0.168* 0.049 138	0.021 0.807 139	0.022 0.793 139	0.041 0.629 138
ID32F	皮爾森相關 臨界 t 值（雙尾檢定） 回答人數	-0.056 0.511 138	-0.038 0.656 139	0.057 0.506 139	-0.014 0.873 138

註：PC ＝個人特質　　CM ＝班級經營　　OI ＝教學計畫　　ID ＝教學實施　　A ＝評量
[a] 每一則答項的措辭見附錄 B。
* $p<.05$　　** $p<.01$

（續上表）

答項[a]		年資	面試次數	面試新進教師的%	性別
OI33A	皮爾森相關 臨界 t 值（雙尾檢定） 回答人數	0.122 0.157 137	0.088 0.304 138	-0.040 0.641 138	0.183* 0.033 137
OI33B	皮爾森相關 臨界 t 值（雙尾檢定） 回答人數	0.051 0.554 138	0.105 0.218 139	0.067 0.434 139	0.177* 0.038 138
OI33C	皮爾森相關 臨界 t 值（雙尾檢定） 回答人數	0.011 0.897 138	-0.105 0.219 139	0.044 0.607 139	0.010 0.908 138
OI33D	皮爾森相關 臨界 t 值（雙尾檢定） 回答人數	-0.061 0.478 138	0.041 0.629 139	0.085 0.322 139	-0.125 0.144 138
OI33E	皮爾森相關 臨界 t 值（雙尾檢定） 回答人數	0.075 0.385 138	-0.147 0.085 139	0.183* 0.031 139	0.221** 0.009 138
OI33F	皮爾森相關 臨界 t 值（雙尾檢定） 回答人數	-0.028 0.741 138	-0.166 0.050 139	0.087 0.306 139	-0.065 0.446 138
ID34A	皮爾森相關 臨界 t 值（雙尾檢定） 回答人數	0.168 0.048 139	-0.083 0.331 140	0.061 0.477 140	0.009 0.919 139
ID34B	皮爾森相關 臨界 t 值（雙尾檢定） 回答人數	0.077 0.365 139	-0.056 0.513 140	0.007 0.934 140	0.068 0.427 139
ID34C	皮爾森相關 臨界 t 值（雙尾檢定） 回答人數	0.000 0.999 138	-0.088 0.304 139	-0.044 0.609 139	-0.050 0.558 138
ID34D	皮爾森相關 臨界 t 值（雙尾檢定） 回答人數	-0.075 0.378 139	-0.076 0.372 140	-0.004 0.959 140	-0.127 0.136 139
ID34E	皮爾森相關 臨界 t 值（雙尾檢定） 回答人數	0.004 0.961 139	-0.047 0.582 140	0.090 0.291 140	0.067 0.432 139
ID34F	皮爾森相關 臨界 t 值（雙尾檢定） 回答人數	-0.020 0.818 138	-0.056 0.513 139	-0.086 0.316 139	0.043 0.615 138

註：PC ＝個人特質　CM ＝班級經營　OI ＝教學計畫　ID ＝教學實施　A ＝評量
[a] 每一則答項的措辭見附錄 B。
* $p < .05$　** $p < .01$

（續上表）

答項[a]		年資	面試次數	面試新進教師的%	性別
ID35A	皮爾森相關 臨界 t 值（雙尾檢定） 回答人數	-0.082 0.340 139	-0.061 0.476 140	0.034 0.691 140	0.070 0.412 139
ID35B	皮爾森相關 臨界 t 值（雙尾檢定） 回答人數	0.066 0.445 138	0.094 0.272 139	-0.026 0.758 139	0.152 0.076 138
ID35C	皮爾森相關 臨界 t 值（雙尾檢定） 回答人數	0.251* 0.003 139	-0.014 0.870 140	-0.002 0.980 140	0.173* 0.042 139
ID35D	皮爾森相關 臨界 t 值（雙尾檢定） 回答人數	-0.047 0.587 138	-0.033 0.702 139	0.140 0.100 139	0.192* 0.024 138
ID35E	皮爾森相關 臨界 t 值（雙尾檢定） 回答人數	-0.103 0.229 139	-0.162 0.056 140	0.092 0.281 140	-0.089 0.299 139
ID35F	皮爾森相關 臨界 t 值（雙尾檢定） 回答人數	0.143 0.093 139	-0.028 0.740 140	0.004 0.964 140	0.116 0.173 139
PC36A	皮爾森相關 臨界 t 值（雙尾檢定） 回答人數	0.124 0.146 139	-0.062 0.468 140	0.073 0.392 140	0.230** 0.006 139
PC36B	皮爾森相關 臨界 t 值（雙尾檢定） 回答人數	0.110 0.200 138	-0.080 0.349 139	0.014 0.869 139	0.091 0.289 138
PC36C	皮爾森相關 臨界 t 值（雙尾檢定） 回答人數	0.032 0.709 139	0.084 0.326 140	-0.066 0.439 140	0.122 0.154 139
PC36D	皮爾森相關 臨界 t 值（雙尾檢定） 回答人數	-0.120 0.159 138	0.004 0.967 139	0.058 0.496 139	0.010 0.909 138
PC36E	皮爾森相關 臨界 t 值（雙尾檢定） 回答人數	-0.040 0.644 139	-0.120 0.157 140	0.076 0.374 140	0.102 0.234 139
PC36F	皮爾森相關 臨界 t 值（雙尾檢定） 回答人數	0.059 0.488 140	-0.101 0.231 141	0.124 0.142 141	0.071 0.407 140

註：PC ＝個人特質　CM ＝班級經營　OI ＝教學計畫　ID ＝教學實施　A ＝評量
[a] 每一則答項的措辭見附錄 B。

* p<.05　** p<.01

調查問卷
學校領導者對高效能教師素質之看法

B

　　這份問卷是高效能教師素質與面試研究的一部分，您的回答很重要。填寫問卷需時三十分鐘左右。

　　無論是否決定參與研究，都請您寄還這份問卷。請先填列以下適合的項目。

研究專用
0 0 0 0 0 0
1 1 1 1 1 1
2 2 2 2 2 2
3 3 3 3 3 3
4 4 4 4 4 4
5 5 5 5 5 5
6 6 6 6 6 6
7 7 7 7 7 7
8 8 8 8 8 8
9 9 9 9 9 9

＿＿＿＿＿我拒絕參與這項調查。

＿＿＿＿＿我想要這項調查研究的結果摘要，以及一份面試範本的草案。

　　請將這些資料寄到右列電子郵件郵址＿＿＿＿＿＿＿＿＿＿＿＿＿＿＿＿

第一部分

說明：請回答下列問題。

1. 您去年曾經擔任教師甄選的面試者或曾經接受面試嗎？
   □有（請繼續做答）　　□無（請停止做答，然後寄還問卷）

2. 您在哪一州或哪一區工作？
   □ CT, ME, MA, NH, RI, VT
   □ DE, MD, NJ, NY, PA, DC
   □ AL, AR, FL, GA, KY, LA, MS, NC, SC, TN, VA, WV
   □ IA, IL, IN, KS, MI, MN, MO, NE, ND, OH , SD, WI

☐AZ, NM, OK, TX

☐AK, CO, CA, HI, ID, MT, NV, OR, UT, WA, WY

3. 您的專業職位是什麼？

☐校長　☐助理校長　☐其他 _____（請填列）

4. 您的學校或工作場所環境為何？

☐鄉鎮　☐市郊　☐都市

5. 請指出您的學校最常舉辦面試以補實的職缺是幾年級？

☐學前至五年級　☐六至八年級　☐九至十二年級

6. 您擔任主管已有幾年？

☐1　☐2　☐3　☐4　☐5　☐6　☐7
☐8　☐9　☐10　☐11　☐12　☐13　☐14
☐15　☐16　☐17　☐18　☐19　☐20　☐21
☐22　☐23　☐24　☐25　☐26+　請列出_____

7. 從 2002 年秋季至 2003 年秋季，您大約辦理或參加了幾次面試？

☐少於 10 次　☐11-20 次　☐21-30 次
☐31-40 次　☐41-50 次　☐超過 50 次

123

8. 2002-2003 年，您所面試的教師應徵者中，大約有多少百分比是新進教師（教師經驗在三年以下）？

☐0-20%　☐21-40%　☐41-60%
☐61-80%　☐81-100%

9. 您的學區是否提供進行教師甄選面試的訓練？

☐是　☐否

第二部分			
說明：請指出，當您舉辦或參加面試時，下列事件發生的頻率。	經常	有時	很少
10.動用多位面試者。	☐	☐	☐
11.事先備妥面試問題。	☐	☐	☐
12.使用結構化面試程序。	☐	☐	☐
13.對應徵同一職位的各應徵者，詢問相同的面試問題。	☐	☐	☐
14.面試評分採用評分說明表或評分指標。	☐	☐	☐
15.在面試開始前，先界定應徵者履行教職應具備的素質。	☐	☐	☐
16.在面試過程做註記。	☐	☐	☐
17.詢問應徵者對假設的狀況如何回應。	☐	☐	☐
18.要求應徵者描述對發生過的狀況之回應。	☐	☐	☐
19.應用破冰或暖身的問題。	☐	☐	☐

20.您的面試問題基本上來自哪裡？
☐其他學校主管　☐學區提供的問題清單　☐書籍　☐商品

21.您學習面試技巧的基本方法是什麼？
☐向其他學校主管學習　☐學區提供的在職訓練　☐大學課程
☐全國的或州的工作坊　☐商品有關的訓練

22.您的性別？
☐女性　☐男性

第三部分
說明：這項調查的設計，在加強連結教師應徵者的回答和學校主管對這些回答的強度之判斷。每一則黑體字的問句之下有六則陳述，這些陳述係摘要不同的教師應徵者對該問題的可能回答。請思考每一則陳述可能代表哪種能力層次的教師應徵者，然後就各則陳述圈選一個答案。
您所考慮的教師能力層次有四級：
1—不合要求（U）。應徵者欠缺高效能教師所需要的能力。
2—發展中（D）。應徵者具備成為優良教師的素質，但還不是一位真正的優良教師。

3—已熟練（P）。應徵者大體上是優秀可靠的教師。

4—可為範例（E）。應徵者可能是非常高效能的教師。

23.你認為教學最有意義的事情是什麼？	U	D	P	E
(1)並未清楚表達想法。	1	2	3	4
(2)表達清楚並提出實例。	1	2	3	4
(3)表達出不切實際、沒有根據的教學觀。	1	2	3	4
(4)以有用的具體實例和抽象舉例來說明。	1	2	3	4
(5)表達出大概念，但欠缺細節說明。	1	2	3	4
(6)表達出幫助學生樂在學習的熱情。	1	2	3	4

24.請說明，開學最初幾週期間，你會對學生做些什麼，以建立正面的班級環境。				
(1)透過學生對班級的共有感，建立班級社群。	1	2	3	4
(2)提供有限的機會讓學生練習常規。	1	2	3	4
(3)對於如何建立與學生的和睦關係，未具體舉例。	1	2	3	4
(4)班級規則只介紹一次，然後期望學生遵守。	1	2	3	4
(5)在學年開始時花時間加強常規，以使學生能獨立學習。	1	2	3	4
(6)對不專心的學生有所回應，然後再次引導其學習。	1	2	3	4

25.請說明，你做長期教學計畫和短期教學計畫的過程。回想你最近教過的單元，然後說明你如何做計畫。在學年開始時，你如何就所教年級或學科階段，在教學計畫中應用州政府規定的＿＿＿＿＿＿＿＿＿＿（填入州定標準的名稱）課程目標？				
(1)將長期計畫和短期計畫視為功能各自獨立的計畫。	1	2	3	4
(2)不做長期計畫，或者不熟悉長期計畫的概念。	1	2	3	4
(3)藉由參考教學計畫，訂出教學的優先順序。	1	2	3	4
(4)同時使用長期計畫和短期計畫，但是很倚重短期計畫。	1	2	3	4
(5)運用教學計畫，將事實資訊併入大概念中。	1	2	3	4
(6)認為學年之中有太多干擾因素，因此長期計畫沒有用。	1	2	3	4

	U	D	P	E
26.請說明，你如何使學生參與學習。				
(1)修正教學活動，以因應學生的需要。	1	2	3	4
(2)有系統地設計因材施教的學習活動。	1	2	3	4
(3)採用「一體適用」的教學方法。	1	2	3	4
(4)提供一些學習活動，其設計在充分利用學生的興趣。	1	2	3	4
(5)舉例說明，如何達到高層次的學生積極參與。	1	2	3	4
(6)認為學校不應該迎合學生的興趣。	1	2	3	4

27.請說明，以前當你很難管教某位學生的行為時，你如何處理。

	U	D	P	E
(1)和學生及其他人一起合作解決（如：家長、輔導諮商師），以幫助學生表現符合期望的行為。	1	2	3	4
(2)使用處罰的方法管教學生。	1	2	3	4
(3)聚焦在採用嚴格管教方法的需求上。	1	2	3	4
(4)強化對學生的行為期望。	1	2	3	4
(5)如果學生在上課時未改進行為，將其轉介到行政處室處理。	1	2	3	4
(6)舉例說明，教師的行為即學生管教的促成因素。	1	2	3	4

28.請說明，你如何向學生與家長說明評分辦法。學生如何知道他們的表現有多好？你如何讓家長知道評分的根據？

	U	D	P	E
(1)使用形式有限的持續評量和總結評量。	1	2	3	4
(2)評分範圍包括各種不同的指定作業和更多的正式評量。	1	2	3	4
(3)當學年之中有學生新加入班級時，有就緒的機制來說明評分辦法（如：迎新資料袋）。	1	2	3	4
(4)對學生的成績表現提供適當回饋。	1	2	3	4
(5)在學校的評分期間之外，透過定期發給學生成績表，向學生解說其進步情形。	1	2	3	4
(6)偏好只以總結的學習任務作評分根據（如：測驗）。	1	2	3	4

	U	D	P	E
29.回想一個你曾教過的教學單元。請說明，你為何選擇特定的教學策略來教這一課。				

29.回想一個你曾教過的教學單元。請說明，你為何選擇特定的教學策略來教這一課。

(1)有對策地使用各種教學策略，使學生的學習達到最完善。　　1　2　3　4

(2)偏好使用自己熟悉的教學策略。　　1　2　3　4

(3)選擇能吸引學生學習風格的教學策略。　　1　2　3　4

(4)使用不同策略來考慮教學的可用資源。　　1　2　3　4

(5)與另一位教師合作，該教師對於能有效教導該單元的教學策略，會提出建議。　　1　2　3　4

(6)相信教科書的教學策略選擇。　　1　2　3　4

30.請說明，你的評量方式如何適應學生的學習需要。

126

(1)分析學生過去在評量上的表現，以決定學生應如何盡量證明其所學知識。　　1　2　3　4

(2)以同一方式評量所有學生。　　1　2　3　4

(3)使用特教教師所準備的修改版評量。　　1　2　3　4

(4)適當時，將學生按照各種能力層次因材施教。　　1　2　3　4

(5)根據學生所接受的教學，來改變評量的某些部分。　　1　2　3　4

(6)只有在執行個別教育計畫或 504 計畫時，才調整教學。　　1　2　3　4

31.請舉一個例子說明，你如何建立及維持與學生的和睦關係。

(1)觀賞受學生歡迎的電視節目。　　1　2　3　4

(2)舉出關心學生在校內和校外生活的例子。　　1　2　3　4

(3)很難與這類孩子建立關係，其特質不同於教師或所教過的學生。　　1　2　3　4

(4)聚焦在教師控制學生的角色上。　　1　2　3　4

(5)舉例說明在教學時間以外與學生的相處（如：社團、運動練習、參加課外集會）。　　1　2　3　4

(6)以學生的集體利益與學生互動，然後認識學生。　　1　2　3　4

32.請說明，在教學時你如何提升學生對成績的高度期望。	U	D	P	E
(1)舉例說明，在特定的指定作業方面，滿足不同層次的期望會是什麼情況。	1	2	3	4
(2)熱衷學習。	1	2	3	4
(3)鼓勵學生參與學習。	1	2	3	4
(4)將有效學習的責任只放在學生身上。	1	2	3	4
(5)相信不同的學生在不同的時間有不同的需要，因此對學生的高度期望會反映學生的差異。	1	2	3	4
(6)間接表明：學生要為自己的成績負責，教師只有輕微的影響。	1	2	3	4

33.你如何以教學時間的運用證實，學習是學生的基本目的？				
(1)強調學習時間可能怎樣受到外在事件干擾，因此教師口頭提醒學生要專心。	1	2	3	4
(2)提到，課堂教學時間因為被非教學的活動占用而縮短。	1	2	3	4
(3)在分配教學時間時，會考慮教師教學和學生學習所需的時間。	1	2	3	4
(4)舉例說明如何使高比率的時間用於教學，例如善用可以教學的時機。	1	2	3	4
(5)對於花多少時間在班級教學，能說出基本答案。	1	2	3	4
(6)彈性運用時間，以確保學生的學習。	1	2	3	4

127

34.在教學過程中，你如何運用科技？				
(1)以實例說明，科技及相關資源如何融入有意義的課堂教學。	1	2	3	4
(2)對使用科技覺得不自在。	1	2	3	4
(3)提供學習任務，以使學生在適當應用科技方面，能增進熟練度和專門知識。	1	2	3	4
(4)適當時，將可得的科技用於教學目標。	1	2	3	4
(5)所舉實例，顯示對科技的不當應用。	1	2	3	4
(6)無法舉例說明需要應用科技的真實學生作業。	1	2	3	4

	U	D	P	E
35.從你的學科領域選一個學生通常覺得困難的主題。請說明，這個主題是什麼，以及你如何向學生解說，然後就你用來幫助學生擴充理解的某項活動，說明該項活動的指導要點。				
(1)對證明某些知識的問題，給予錯誤的答案。	1	2	3	4
(2)提供相當多教學用的舉例和引導練習。	1	2	3	4
(3)在所選擇的範例中提出令人困惑的實例和指引。	1	2	3	4
(4)主題的解說不夠明確。	1	2	3	4
(5)先對全班學生舉例說明該主題，然後視需要針對特定學生再提出補充的解說。	1	2	3	4
(6)採用清楚的實例和按部就班的指引。	1	2	3	4
36.回想你未達成教學期望的某一課——儘管你已做好計畫和準備。請說明，再次做教學計畫，以及教導學生這一課時，你會考慮哪些事情、你會如何改變教學方法。				
(1)聚焦在與教師無關的問題上。	1	2	3	4
(2)以有限的反省證據，來探討這項問題。	1	2	3	4
(3)反省以改進教學。	1	2	3	4
(4)反省教學和學生的表現，以改進學生的學習。	1	2	3	4
(5)聚焦在學生犯錯的地方。	1	2	3	4
(6)說明重教該概念的其他方法，以利學生可以學習。	1	2	3	4

請以附上的回郵信封寄回此份問卷。

謝謝您的參與！

參考文獻

Age Discrimination in Employment Act of 1967 (ADEA), Pub. L. 90-202 (codified in 29 U.S.C. §621).

Americans with Disabilities Act of 1990 (ADA), Pub. L. 101-336.

Anstey, E., & Mercer, E. O. (1956). *Interviewing for the selection of staff.* London: George Allen & Unwin, Ltd.

Bauer, T. N., Truxillo, D. M., Sanchez, R. J., Craig, J. M., Ferrara, P., & Campion, M. A. (2001). Applicant reactions to selection: Development of Selection Procedural Justice Scale (SPJS). *Personnel Psychology, 54,* 387–419.

Berliner, D. C. (1986). In pursuit of the expert pedagogue. *Educational Researcher, 15*(7), 5–13.

Black, R. S., & Howard-Jones, A. (2000). Reflections on best and worst teachers: An experiential perspective of teaching. *Journal of Research and Development in Education, 34*(1), 1–12.

Bloom, B. S. (1984, May). The search for methods of group instruction as effective as one-to-one tutoring. *Educational Leadership, 41*(8), 4–17.

Brtek, M. D., & Motowidlo, S. J. (2002). Effects of procedure and outcome accountability on interview validity. *Journal of Applied Psychology, 87*(1), 185–191.

Buckley, M. R., & Eder, R. W. (1989, May). The first impression. *Personnel Administrator, 34*(5), 71–74.

Burnett, J. R., Fan, C., Motowidlo, S. J., & DeGroot, T. (1998). Interview notes and validity. *Personnel Psychology, 51*(2), 375–396.

Buttram, J. L., & Waters, J. T. (1997). Improving America's schools through standards-based education. *NASSP Bulletin, 81*(590), 1–5.

Camphire, G. (2001). Are our teachers good enough? *SEDLetter, 13*(2). Available from http://www.sedl.org/pubs/sedletter/v13n02/v13n02.pdf

Campion, M. A., Palmer, D. K., & Campion, J. E. (1997). A review of structure in the selection interview. *Personnel Psychology, 50,* 655–702.

Cascio, W. F. (1998). *Managing human resources: Productivity, quality of work life, profits* (5th ed.). Boston: Irwin McGraw-Hill.

Cascio, W. F. (2003). *Managing human resources: Productivity, quality of work, life, profits* (6th ed.). Boston: McGraw-Hill/Irwin.

Castetter, W. B. (1996). *The human resource function in educational administration* (6th ed.). Englewood Cliffs, NJ: Merrill.

Cawelti, G. (Ed.) (1999). *Handbook of research on improving student achievement* (2nd ed.). Arlington, VA: Educational Research Service.

Check, J. F. (1999). The perceptions of their former teachers by older adults. *Education, 120*(1), 168–172.

Civil Rights Act of 1964, Title VII, Pub. L. 88-352 (codified in 42 U.S.C. § 2000e).

Collins, J. (2001). *Good to great: Why some companies make the leap—and others don't.* New York: HarperBusiness.

Collinson, V., Killeavy, M., & Stephenson, H. J. (1999). Exemplary teachers: Practicing an ethic of care in England, Ireland, and the United States. *Journal for a Just and Caring Education, 5*(4), 349–366.

Conway, J. M., & Peneno, G. M. (1999). Comparing structured interview question types: Construct validity and applicant reactions. *Journal of Business and Psychology, 13*(4), 485–506.

Corcoran, C. A., & Leahy, R. (2003). Growing professionally through reflective practice. *Kappa Delta Pi Record, 40*(1), 30–33.

Cotton, K. (2000). *Research you can use to improve results.* Portland, OR: Northwest Regional Educational Laboratory; and Alexandria, VA: Association for Supervision and Curriculum Development.

Covino, E. A., & Iwanicki, E. F. (1996). Experienced teachers: Their constructs of effective teaching. *Journal of Personnel Evaluation in Education, 10*(4), 325–363.

Cross, C. T., & Regden, D. W. (2002). Improving teacher quality. *American School Board Journal, 189*(4). Available: http://www.asbj.com/2002/04/0402coverstory2.html

Cruickshank, D. R., & Haefele, D. (2001, February). Good teachers, plural. *Educational Leadership, 58*(5), 26–30.

Cunningham, P. M., & Allington, R. L. (1999). *Classrooms that work: They can all read and write.* New York: Longman.

Darling-Hammond, L. (2000a). *Solving the dilemmas of teacher supply, demand, and standards: How we can ensure a competent, caring, and qualified teacher for every child.* New York: National Commission on Teaching & America's Future.

Darling-Hammond, L. (2000b). Teacher quality and student achievement: A review of state policy evidence. *Educational Policy Analysis Archives, 8*(1). Available: http://epaa.asu.edu/epaa/v8n1/

Darling-Hammond, L. (2001, February). The challenge of staffing our schools. *Educational Leadership, 58*(8), 12–17.

Darling-Hammond, L., Berry, B., & Thoreson, A. (2001). Does teacher certification matter? Evaluating the evidence. *Educational Evaluation and Policy Analysis, 23*(1), 57–77.

De Corte, W. (1999). Weighing job performance predictors to both maximize the quality of the selected workforce and control the level of adverse impact. *Journal of Applied Psychology, 84*(5), 695–702.

Delaney, E. C. (1954). Teacher selection and evaluation: With special attention to the validity of the personal interview and the National Teacher Examinations as used in one selected community (Elizabeth, New Jersey). Doctoral dissertation, Columbia University. Dissertation Abstracts Online (AAG0008645).

Dessler, G. (1997). *Human resource management* (7th ed.). Upper Saddle River, NJ: Prentice Hall.

Dickson, L. A., & Irving, M. M. (2002). An Internet survey: Assessing the extent middle/high school teachers use the Internet to enhance science teaching. *Journal of Computers in Mathematics and Science Teaching, 21*(1), 77–97.

Dill, I., & Dill, V. (1993, March). Describe your favorite teacher. . . . *Educational Leadership, 50*(6), 54–56.

Dipboye, R. L. (1997). Structured selection interviews: Why do they work? Why are they under-utilized? In N. Anderson & P. Herriot (Eds.), *International handbook of selection and assessment* (pp. 455–475). New York: J. Wiley.

Dipboye, R. L., & Gaugler, B. B. (1993). Cognitive and behavioral processes in the selection interview. In N. Schmitt & W. C. Borman (Eds.), *Personnel selection in organizations* (pp. 135–170). San Francisco: Jossey-Bass.

Donaldson, G. A. (1990). *Teacher selection and induction.* Reston, VA: National Association of Secondary School Principals.

Dozier, T., & Bertotti, C. (2000). *Eliminating barriers to quality teaching.* Retrieved August 22, 2000, from http://www.ed.gov/teacherquality/awareness.html

Edenborough, R. (1999). *Effective interviewing: A handbook of skills, techniques and applications.* Dover, NH: Kogan Page.

Eder, R. W., & Harris, M. M. (Eds.). (1999). *The employment interview handbook.* Thousand Oaks, CA: Sage Publications.

Edmonton Public Schools. (1993, May). *Qualities of successful teachers.* Draft Document. Edmonton, Aberta, Canada.

Education USA Special Report. (n.d.). *Good teachers: What to look for.* A publication of The National School Public Relations Association.

Educational Review Office. (1998). *The capable teacher.* Available: http://www.ero.govt.nz/Publications/eers1998/98no2hl.htm

Edwards, V. B. (Ed.). (2000). *Quality counts 2000: Who should teach?* Bethesda, MD: Education Week.

Eisner, E. W. (1999). The uses and limits of performance assessment. *Phi Delta Kappan, 80*(9), 658–660.

Ellis, A., West, B. J. , Ryan, A. M., & DeShon, R. (2002). Investigating the use of impression management tactics in structured interviews. *Journal of Applied Psychology, 87,* 1200-1208.

Emley, K., & Ebmeier, H. (1997). The effect of employment interview format on principals' evaluations of teachers. *Journal of Personnel Evaluation in Education, 11*(1), 39–56.

Emmer, E. T., Evertson, C. M., & Anderson, L. M. (1980). Effective classroom management at the beginning of the school year. *The Elementary School Journal, 80*(5), 219–231.

Entwisle, D. R., & Webster, M., Jr. (1973). Research notes: Status factors in expectation raising. [Electronic version]. *Sociology of Education, 46,* 115–125.

Equal Employment Opportunity Act of 1972, Pub. L. 92-261.

Equal Pay Act of 1963 (EPA), Pub. L. 88-38 (codified in 29 U.S.C. § 206(d)).

Family and Medical Leave Act of 1993 (FMLA), Pub. L. 103-3 (codified in 29 U.S.C. § 2612).

Ferguson, P., & Womack, S. T. (1993). The impact of subject matter and education coursework on teaching performance. *Journal of Teacher Education, 44,* 55–63.

Fetler, M. (1999). High school staff characteristics and mathematics test results. *Educational Policy Analysis Archives, 7*(9). Available: http://epaa.asu.edu/epaa/v7n9.html

Freel, A. (1998). Achievement in urban schools: What makes the difference? *The Education Digest, 64*(1), 17–22.

Gay, L. R. (1987). *Educational research: Competencies for Analysis and Application* (3rd ed.). New York: MacMillan.

Gerald, D. E., & Hussar, W. J. (2003). *Projections of education statistics to 2013* (NCES Publication No. NCES 2004-013). Washington, DC: U.S. Department of Education, Office of Educational Research and Improvement.

Glass, C. S. (2001). Factors influencing teaching strategies used with children who display attention deficit hyperactivity disorder characteristics. *Education, 122*(1), 70–80.

Glass, G. V. (2002). Teacher characteristics. In A. Molnar (Ed.), *School reform proposals: The research evidence* (pp. 155–174). Greenwich, CT: Information Age Pub.

Goldhaber, D. D., & Brewer, D. J. (2000). Does teacher certification matter? High school teacher certification status and student achievement. *Educational Evaluation and Policy Analysis, 22*(2), 129–145.

Good, T. L., & Brophy, J. E. (1997). *Looking in classrooms* (7th ed.). New York: Longman.

Goodrich, H. (1996). Understanding rubrics. *Educational Leadership, 54*(4), 4–17.

Gronlund, N. E. (2003). *Assessment of student achievement* (7th ed.). Boston: Allyn & Bacon.

Grossman, P., Valencia, S., Evans, K., Thompson, C., Martin, S., & Place, N. (2000). *Transitions into teaching: Learning to teach writing in teacher education and beyond.* Available: http://cela.albany.edu/reports/transitions/main.html

Guskey, T. R. (1996). Reporting on student learning: Lessons from the past—Prescriptions for the future. In T. R. Guskey (Ed.), *Communicating student learning: ASCD yearbook 1996.* Alexandria, VA: Association for Supervision and Curriculum Development.

Haberman, M. (1995a). Selecting "star" teachers for children and youth in urban poverty. *Phi Delta Kappan, 76*(10), 777–782.

Haberman, M. (1995b). *Star teachers of children in poverty.* West Lafayette, IN: Kappa Delta Pi.

Haertel, E. H. (1999). Performance assessment and education reform. *Phi Delta Kappan, 80*(9), 662–666.

Hanushek, E. (1971). Teacher characteristics and gains in student achievement: Estimation using micro data. *American Economic Review, 61*(2), 280–288.

Hawk, P. P., Coble, C. R., & Swanson, M. (1985). Certification: Does it matter? *Journal of Teacher Education, 36*(3), 13–15.

Henke, R. R., Chen, X., & Geis, S. (2000). *Progress through the teacher pipeline: 1992–93 college graduates and elementary/secondary school teaching as of 1997* (NCES Publication No. 2000-152). Washington, DC: U.S. Dept. of Education, Office of Educational Research and Improvement.

Hindman, J. L. (2004). The connection between qualities of effective teachers and selection interviews: The development of a teacher selection interview protocol. The College of William and Mary, Williamsburg, Virginia. *Dissertation Abstracts International* (UMI No. 3118184).

Hirsch, E. D., Jr. (2000). The tests we need. *Education Week, 19*(21), 40–41, 64.

Holahan, P. J., Jurkat, M. P., & Friedman, E. A. (2000). Evaluation of a mentor teacher model for enhancing mathematics instruction through the use of computers [abstract]. *Journal of Research on Technology Education, 32*(3). Available: http://www.iste.org/inhouse/publications/jrte/32/3/abstracts/holahan.cfm?Section=JRTE_32_3

Hoy, A. W., & Hoy, W. K. (2003). *Instructional leadership: A learning-centered guide.* Boston: Allyn & Bacon.

Huffcutt, A. I., Conway, J. M., Roth, P. L., & Stone, N. J. (2001). Identification and meta-analytic assessment of psychological constructs measured in employment interviews. *Journal of Applied Psychology, 86*(5), 897–913.

Huffcutt, A. I., Weekley, J. A., Wiesner, W. H., DeGroot, T. G., & Jones, C. (2001). A comparison of situational and behavior description interview questions for higher-level positions. *Personnel Psychology, 54*(3), 619–644.

Hussar, W. J. (1999). *Predicting the need for newly hired teachers in the United States to 2008–09*

(NCES Publication No. NCES 1999-026). Washington, DC: U.S. Government Printing Office.

Hussar, W. J., & Gerald, D. E. (2004). *Pocket Projections of Education Statistics to 2013* (NCES Publication No. NCES 2004-019). Washington, DC: U.S. Department of Education, National Center for Education Statistics.

Ingersoll, R. M. (2001). *Teacher turnover, teacher shortages, and the organization of schools* (Document R-01-1). Seattle: University of Washington, Center for the Study of Teaching and Policy.

International Society for Technology in Education. (n.d.). *Overview: Research on IT [informational technology] in education*. Available: http://www.iste.org/Content/NavigationMenu/Research/ Reports/Research_on_Technology_in_Education_2000_/Overview/Overview_Research_on_ IT_in_Education.htm

Johnson, B. L. (1997). An organizational analysis of multiple perspectives of effective teaching: Implications for teacher evaluation. *Journal of Personnel Evaluation in Education, 11*(1), 69–87.

Kiker, D. S., & Motowidlo, S. J. (1998). Effects of rating strategy on interdimensional variance, reliability, and validity of interview ratings. *Journal of Applied Psychology, 83*(5), 763–768.

Kirkpatrick, L. A., & Feeney, B. C. (2001). *A simple guide to SPSS for Windows: For version 8.0, 9.0, and 10.0*. Belmont, CA: Wadsworth Thompson Learning.

Kohn, A. (1996). What to look for in a classroom. *Educational Leadership, 54*(1), 54–55.

Laczko-Kerr, I., & Berliner, D. C. (2002). The effectiveness of "Teach for America" and other under-certified teachers on student academic achievement: A case of harmful public policy. *Education Policy Analysis Archives, 10*(37). Available: http://epaa.asu.edu/epaa/v10n37/

Langer, J. (2001). Beating the odds: Teaching middle and high school students to read and write well. *American Educational Research Journal, 38*(4), 837–880.

Lederman, N. G., & Niess, M. L. (2001). An attempt to anchor our moving targets. *School Science and Mathematics, 101*(2), 57–60.

Litwin, M. S. (1995). *How to measure survey reliability and validity*. Thousand Oaks, CA: Sage Publications.

Livingston, A., & Wirt, J. (2004). *The condition of education 2004 in brief* (NCES Publication No. 2004-076). U.S. Department of Education, National Center for Education Statistics. Washington, DC: U.S. Government Printing Office.

Macan, T. H., & Dipboye, R. L. (1994). The effects of the application on processing information from the employment interview. *Journal of Applied Social Psychology, 24*(14), 1291–1314.

Marzano, R. J., Norford, J. S., Paynter, D. E., Pickering, D. J., & Gaddy, B. B. (2001). *A handbook for classroom instruction that works*. Alexandria, VA: Association for Supervision and Curriculum Development.

Marzano, R. J., Pickering, D., & McTighe, J. (1993). *Assessing student outcomes: Performance assessment using the dimensions of learning model*. Alexandria, VA: Association for Supervision and Curriculum Development.

Mason, D. A., Schroeter, D. D., Combs, R. K., & Washington, K. (1992). Assigning average-achieving eighth graders to advanced mathematics classes in an urban junior high. *The Elementary School Journal, 92*(5), 587–599.

Maurer, S. D., & Fay, C. (1988). Effect of situational interviews, conventional structured interviews, and training on interview rating agreement: An experimental analysis. *Personnel Psychology, 41,* 329–344.

Maurer, S. D., & Lee, T. W., (2000). Accuracy of the situational interview in rating multiple job candidates. *Journal of Business and Psychology, 15*(1), 73–96.

McBer, H. (2000). *Research into teacher effectiveness: A model of teacher effectiveness.* (Research Report #216). Nottingham, England: Department for Education and Employment.

McDaniel, M. A., Whetzel, D. L., Schmidt, F. L., & Maurer, S. D. (1994). The validity of employment interviews: a comprehensive review and meta-analysis. *Journal of Applied Psychology, 79*(4), 599–616.

McEwan, E. K. (2001). *10 traits of highly effective teachers: How to hire, coach, and mentor successful teachers.* Thousand Oaks, CA: Corwin Press.

McFarland, L. A., Ryan, A. M., & Kriska, S. D. (2002). Field study investigation of applicant use of influence tactics in a selection interview. *The Journal of Psychology, 136*(4), 383–398.

Mendro, R. L., Jordon, H. R., Gomez, E., Anderson, M. C., & Bembry, K. L. (1998, April). *Longitudinal teacher effects on student achievement and their relation to school and project evaluation.* Paper presented at the Annual Meeting of the Educational Research Association, San Diego, CA.

Middendorf, C. H., & Macan, T. H. (2002). Note-taking in the employment interview: Effects on recall and judgments. *Journal of Applied Psychology, 87*(2), 293–303.

National Association of Secondary School Principals. (1997). Students say: What makes a good teacher? *NASSP Bulletin, 6*(5), 15–17.

No Child Left Behind Act of 2001, Pub. L. No. 107-110, 115 Stat. 1425 (codified in 20 U.S.C. §6301).

Northwest Regional Education Laboratory. (2001). *Understanding motivation and supporting teacher renewal.* Available: http://www.nwrel.org/qualityteaching/products/UnderstandingMotivation.pdf

Panasuk, R., Stone, W., & Todd, J. (2002). Lesson planning strategy for effective mathematics teaching. *Education, 22*(2), 714, 808–827.

Pawlas, G. E. (1995). The structured interview: Three dozen questions to ask prospective teachers. *NASSP Bulletin, 79*(567), 62–65.

Peart, N. A., & Campbell, F. A. (1999). At-risk students' perceptions of teacher effectiveness. *Journal for a Just and Caring Education, 5*(3), 269–284.

Perkins, M. Y. (1998). An analysis of teacher interview questions and practices used by middle school principals. Doctoral dissertation, Virginia Polytechnic Institute and State University. *Digital Library Archives* (URN: etd-32398-16236).

Peterson, K. D. (2002). *Effective teacher hiring: A guide to getting the best.* Alexandria, VA: Association for Supervision and Curriculum Development.

Pulakos, E. D., & Schmitt, N. (1995). Experience-based and situational interview questions: Studies of validity. *Personnel Psychology, 48*(2), 289–308.

Pulakos, E. D., Schmitt, N., Whitney, D. J., & Smith, M. (1996). Individual differences in interviewer ratings: The impact of standardization, consensus discussion, and sampling error on the validity of a structured interview. *Personnel Psychology, 49*(1), 85–102.

Ralph, E. G., Kesten, C., Lang, H., & Smith, D. (1998). Hiring new teachers: What do school districts look for? [Electronic version]. *Journal of Teacher Education, 49*(1), 47–57.

Rehabilitation Act of 1973, Pub. L. 93-112 (codified in 29 U.S.C. § 791 et seq.).

Reynolds, A. (1992). What is competent beginning teaching? A review of the literature. *Review of Educational Research, 62*(1), 1–35.

Rockman et al. (1998). Powerful tools for schooling: Second year study of the laptop program [executive summary]. Report for the Microsoft Corporation. Available: http://rockman.com/projects/laptop/laptop2exec.htm

Ross, J. A., Cousins, J. B., Gadalla, T., & Hannay, L. (1999). Administrative assignment of teachers in restructuring secondary schools: The effect of out-of-field course responsibility on teacher efficacy. *Educational Administration Quarterly, 35*(5), 782–805.

Rowan, B., Chiang, F. S., & Miller, R. J. (1997). Using research on employees' performance to study the effects of teachers on students' achievement. *Sociology of Education, 70,* 256–284.

Ruiz, C. M., & Sperow, J. L. (1997, Summer). *School law quarterly: The hiring process.* San Francisco: Authors.

Sanders, W. L., & Horn, S. P. (1998). Research findings from the Tennessee Value-Added Assessment System (TVAAS) database: Implications for educational evaluation and research. *Journal of Personnel Evaluation in Education, 12*(3), 247–256.

Sanders, W. L., & Rivers, J. C. (1996). *Cumulative and residual effects of teachers on future student academic achievement* (Research Progress Report). Knoxville, TN: University of Tennessee Value-Added Research and Assessment Center.

Scherer, M. (2001, May). Improving the quality of the teaching force: A conversation with David C. Berliner. *Educational Leadership, 58*(8), 6–10.

Schmidt, F. L., & Rader, M. (1999). Exploring the boundary conditions for interview validity: Meta-analytic validity findings for a new interview type. *Personnel Psychology, 52*(2), 445–464.

Shechtman, Z., & Sansbury, D. (1989). Validation of a group assessment procedure for the selection of teacher-education candidates. *Educational and Psychological Measurement, 49*(3), 653–661.

Shellard, E., & Protheroe, N. (2000). *The informed educator: Effective teaching: How do we know it when we see it?* Arlington, VA: Educational Research Services.

Sizer, T. R. (1999, September). No two are quite alike. *Educational Leadership, 57*(1), 6–11.

Springbett, B. M. (1958). Factors affecting the final decision in the employment interview. *Canadian Journal of Psychology, 12*(1), 13–22.

Stevens, C. K. (1998). Antecedents of interview interactions, interviewers' ratings, and applicants' reactions. *Personnel Psychology, 51*(1), 55–85.

Stronge, J. H. (2002). *Qualities of effective teachers.* Alexandria, VA: Association for Supervision and Curriculum Development.

Stronge, J. H., Tucker, P. D., & Hindman, J. L. (2004). *Handbook for qualities of effective teachers.* Alexandria, VA: Association for Supervision and Curriculum Development.

Stronge, J. H., Tucker, P. D., & Ward, T. J. (2003, April). *Teacher effectiveness and student learning: What do good teachers do?* Presentation at the American Educational Research Association, Chicago.

Stronge, J. H., & Ward, T. J. (2002). *Alexandria City Public Schools teacher effectiveness study.* Report presented to the Alexandria City School Board, Alexandria, VA.

Taylor, P. J., & Small, B. (2002). Asking applicants what they would do versus what they did do: A meta-analytic comparison of situational and past behaviour employment interview questions. *Journal of Occupational and Organizational Psychology, 75*(3), 277–294.

Thomas, J. A., & Montgomery, P. (1998). On becoming a good teacher: Reflective practice with regard to children's voices. *Journal of Teacher Education, 49*(5), 372–380.

Tomlinson, C. A. (1999). *The differentiated classroom: Responding to the needs of all learners.* Alexandria, VA: Association for Supervision and Curriculum Development.

Tucker, P. D., & Stronge, J. H. (2005). *Linking teacher evaluation and student learning.* Alexandria, VA: Association for Supervision and Curriculum Development.

U.S. Department of Education. (1998). *Promising practices: New ways to improve teacher quality.*

Available: http://www.ed.gov/pubs/PromPractice/promprac.pdf

U.S. Department of Education. (2001). *The condition of education 2001* (NCES Publication No. 2001-072). Washington, DC: U.S. Government Printing Office.

U.S. Department of Education. (2002, June 6). *Improving teacher quality state grants: Title II, Part A, non-regulatory draft guidance.* Available: http://www.pen.k12.va.us/VDOE/nclb/guidance/PreliminaryGuidanceRelatingtoImprovingTeacherQuality.pdf.

Virginia Department of Education. (2002). *Implementing the No Child Left Behind Act of 2001: Questions and answers.* Richmond, VA: Author.

Walberg, H. J. (1984, May). Improving the productivity of America's schools. *Educational Leadership, 41*(8), 19–27.

Walker, M. H. (1998). 3 basics for better student output. *The Education Digest, 63*(9), 15–18.

Wang, M. C., Haertel, G. D., & Walberg, H. J. (1994). What helps students learn? *Educational Leadership, 51*(4), 74–79.

Weisberg, H. F., Krosnick, J. A., & Bowen, B. D. (1996). *An introduction to survey research, polling, and data analysis* (3rd ed.). Thousand Oaks, CA: Sage Publications.

Wenglinsky, H. (2000). *How teaching matters: Bringing the classroom back into discussions of teacher quality.* Princeton, NJ: Millikan Family Foundation and Educational Testing Service.

Williamson, L. G., Campion, J. E., Malos, S. B., Roehling, M. V., & Campion, M. A. (1997). Employment interview on trial: Linking interview structure with litigation outcomes. *Journal of Applied Psychology, 82*(6), 900–912.

Wubbels, T., Levy, J., & Brekelmans, M. (1997, April). Paying attention to relationships. *Educational Leadership, 54*(7), 82–86.

Yin, C. C., & Kwok, T. T. (1999). Multimodels of teacher effectiveness: Implications for research. *The Journal of Educational Research, 92*(3), 141–158.

Young, I. P., Rinehart, J. S., & Baits, D. M. (1997). Age discrimination: Impact of chronological age and perceived position demands on teacher screening decisions. *Journal of Research and Development in Education, 30*(2), 103–112.

索引

（條文後的頁碼係原文書頁碼，檢索時請查正文側邊的頁碼）
圖表頁碼索引以 *f* 表示

國家圖書館出版品預行編目資料

教師素質指標——甄選教師的範本／James H.
　Stronge, Jennifer L. Hindman 合著；賴麗珍譯.
　--初版.--臺北市：心理，2008.10
　　面；　　公分. --（教育現場；27）
　參考書目：面
　含索引
　譯自：The teacher quality index:
　a protocol for teacher selection
　ISBN 978-986-191-197-7（平裝）

　1. 教師遴選與任用　2. 教師評鑑

522.1　　　　　　　　　　　　　　97018068

教育現場27　**教師素質指標——甄選教師的範本**

作　　　者：J. H. Stronge & J. L. Hindman
譯　　　者：賴麗珍
執行編輯：高碧嵘
總 編 輯：林敬堯
發 行 人：洪有義
出 版 者：心理出版社股份有限公司
社　　　址：台北市和平東路一段 180 號 7 樓
總　　　機：(02) 23671490　　傳　　真：(02) 23671457
郵　　　撥：19293172　心理出版社股份有限公司
電子信箱：psychoco@ms15.hinet.net
網　　　址：www.psy.com.tw
駐美代表：Lisa Wu　Tel：973 546-5845　Fax：973 546-7651
登 記 證：局版北市業字第 1372 號
電腦排版：臻圓打字印刷有限公司
印 刷 者：正恒實業有限公司
初版一刷：2008 年 10 月

本書獲有原出版者全球繁體中文版出版發行獨家授權，請勿翻印
Copyright © 2008 by Psychological Publishing Co., Ltd.
定價：新台幣 180 元　■ 有著作權・侵害必究 ■
ISBN 978-986-191-197-7